Educación
para un mundo nuevo

Director de la colección:
ANTÓN COSTA

Colección **Biblioteca de Pedagogía**

Título original: *Education for a New World* [*Educazione per un mondo nuovo*]

© del texto: The Montessori-Pierson Publishing Company, 1946

© de la traducción: Olalla García, 2026

© de esta edición: Kalandraka Editora, 2026

Rúa de Pastor Díaz, n.º 1, 4.º B. 36001 — Pontevedra

Tel.: 986 860 276

editora@kalandraka.com

www.kalandraka.com

Impreso en Rodona, Pamplona
Primera edición: mayo, 2026
ISBN: 978-84-1343-365-3
DL: PO 165-2026

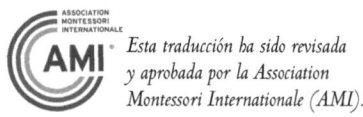

Esta traducción ha sido revisada y aprobada por la Association Montessori Internationale (AMI).

Educación
para un mundo nuevo

MARIA MONTESSORI

TRADUCCIÓN DE OLALLA GARCÍA

EPÍLOGO DE LOIS FERRADÁS

kalandraka

Dedicado a la memoria de GEORGE SYDNEY ARUNDALE,[1]
quien me invitó a la India y me dio la oportunidad de entrar en
contacto con su gran personalidad y de conocer ese maravilloso
país.

[1] George Sydney Arundale (Inglaterra, 1878-Adyar, India,
1945) fue un destacado teósofo y masón. Bajo la influencia del espiritualismo hindú, fue uno de los profesores
de Krishnamurti y presidente de la Sociedad Teosófica
Adyar. En 1939 invitó a Maria Montessori a trasladarse
a Adyar. Durante tres años, ella ejercería de directora de la
escuela Montessori fundada allí. (N. de E.)

Nota a la edición

La presente edición, traducida del texto original, pretende dar a conocer o bien fortalecer la información sobre la figura de Maria Montessori, en tanto que expresión radical del respeto hacia la infancia, concebida como el futuro de la humanidad. Está acompañada de un epílogo, que sirve como presentación de esta gran educadora internacional. Está elaborado por el profesor Lois Ferradás Blanco, especialista en el campo de la educación infantil, uno de los mayores impulsores de la experiencia gallega Preescolar na Casa (1977-2012), estudioso de la pedagogía Montessori y conocedor de diversas experiencias actuales de escuelas montessorianas en Italia.

Al estar ante una figura perteneciente a la primera mitad del siglo XX y ante un texto escrito hace casi ochenta años, se han introducido, tanto en el epílogo como en el texto, las notas a pie de página consideradas oportunas para una mejor comprensión de la lectura y la información proporcionada.

En lo tocante a la bibliografía de Maria Montessori, se ha adoptado un criterio levemente selectivo, señalando el año de la edición original o de la primera edición conocida, así como el de su edición española.

I. Introducción

El propósito de este libro es ilustrar y defender las grandes capacidades del niño, y ayudar a los maestros a adquirir una nueva perspectiva, que hará que su trabajo pase de la monotonía a la alegría, de la represión a la colaboración con la naturaleza.[2] Nuestro mundo ha sido devastado y ahora necesita ser reconstruido. En estas circunstancias, la educación se convierte en un factor primordial, y los pensadores actuales suelen recomendar su intensificación, tanto como el regreso a la religión. Pero la humanidad aún no está lista para esa evolución que ella misma desea con tanto ardor: la construcción de una sociedad pacífica y armoniosa que ponga fin a las guerras.[3] Los hombres no están lo bastante educados como para controlar los acontecimientos, de modo que se convierten en sus víctimas. Las ideas nobles, los grandes sentimientos siempre han encontrado la forma de expresarse, pero las guerras continúan. Si la educación sigue en su vieja línea, como una mera transmisión de conocimientos, el problema será insoluble y no habrá esperanza

[2] Idea presente en el *Emilio* (1762) de Rousseau. (N. de E.)

[3] Tras las desastrosas consecuencias de las dos guerras mundiales del siglo XX, a finales de los años cuarenta surgió una viva reclamación a este respecto, expresada por múltiples sectores políticos, filosóficos y educativos. En este sentido se expresaron, entre otros, Pierre Bovet, una de las grandes figuras del movimiento internacional de la Escuela Nueva, el filósofo Bertrand Russell, Célestin Freinet o John Dewey. (N. de E.)

para el mundo. Solo una investigación científica sobre la personalidad humana puede conducirnos a la salvación, y tenemos ante nosotros, en el niño, a una entidad psíquica, un grupo social de enormes dimensiones, una verdadera fuerza a escala mundial, si se usa correctamente. Si podemos recibir ayuda y salvarnos, será gracias al niño, porque él es el constructor del hombre y, por tanto, de la sociedad.[4] El niño está dotado de un poder interior que puede guiarnos hacia un futuro más luminoso. La educación ya no debe consistir principalmente en impartir conocimientos, sino que debe seguir un nuevo camino, buscando liberar las potencialidades humanas. ¿Cuándo debería dar comienzo esta educación? Nuestra respuesta es que la grandeza de la personalidad humana empieza ya en el nacimiento; una afirmación muy práctica y realista, aunque también resulte sorprendentemente mística.

La vida psíquica del recién nacido ya ha suscitado un gran interés; hay científicos y psicólogos que han estudiado a bebés desde las tres horas de su nacimiento hasta los cinco días. La conclusión es que los dos primeros años de vida son los más importantes. La observación demuestra que los niños pequeños están dotados de facultades psíquicas especiales y apunta hacia nuevas formas de desarrollarlas —literalmente, de educarlas— en colaboración con la naturaleza. La energía constructiva del niño, viva y dinámica, ha permanecido ignorada durante miles de años, y supone una mina de tesoros mentales desconocidos; de igual modo, los primeros hombres que caminaron sobre la superficie de la Tierra no sabían nada sobre las inmensas riquezas que yacían ocultas en sus profundidades. El hombre está tan lejos de reconocer las riquezas que yacen enterradas en el mundo psíquico del niño que, desde el principio,

---

[4] Montessori, como tantos educadores y educadoras de su generación, manifiesta aquí un optimismo pedagógico idealista, que posteriormente se verá sometido a un análisis crítico. (N. de E.)

no ha hecho más que reprimir esas energías y convertirlas en polvo. Ahora, por primera vez, algunas personas comienzan a sospechar la existencia de este tesoro, más precioso que el oro, que no ha sido explotado nunca: la propia alma[5] del hombre.

La observación de los primeros dos años de vida ha arrojado nueva luz sobre las leyes de la construcción psíquica que, en la infancia, son completamente diferentes a la psicología adulta. Así pues, aquí es donde empieza ese nuevo camino, en el que ya no es el profesor quien enseña al niño, sino el niño quien enseña al profesor.[6]

Esto puede parecer absurdo, pero resulta evidente cuando se descubre que el niño posee un tipo de mente que absorbe los conocimientos, y que así se instruye a sí misma. Esto queda demostrado por el proceso gracias al cual el niño adquiere el lenguaje —una gran hazaña intelectual—. Un niño de dos años habla ya el idioma de sus padres, aunque nadie se lo haya enseñado. Todos los estudiosos que han investigado este fenómeno concuerdan en que, en un período determinado de la vida, el niño empieza a usar nombres y palabras relacionados con su entorno, y en que enseguida domina el uso de todas las irregularidades y construcciones sintácticas que entrañan grandes dificultades para los adultos que estudian una lengua extranjera. Así pues, el niño alberga en su interior a un profesor escrupuloso y exigente, que incluso sigue un programa preciso;

[5] Esta palabra está desprovista de connotaciones religiosas específicas y dogmáticas. (N. de E.)

[6] «Discat a puero magister», el maestro tiene que aprender (todavía mucho) del niño, fue la expresión con que Édouard Claparède, el gran psicólogo infantil ginebrino, finalizó una conferencia impartida en 1913 a maestros suizos. En 1912, Claparède había impulsado, junto a Pierre Bovet, la creación del Instituto Jean-Jacques Rousseau de Pedagogía. La expresión era también el lema del instituto al que, hasta finales de los años treinta, acudiría un importante número de profesores españoles, gracias a las becas de la Junta para Ampliación de Estudios. (N. de E.)

a los tres años ya ha conseguido un conjunto de logros que —según aseguran los psicólogos— un adulto tardaría sesenta años de duro trabajo en adquirir.

Así pues, a partir de la observación científica, se ha establecido que la verdadera educación no es algo que el maestro da; la educación es un proceso natural que el ser humano lleva a cabo de forma espontánea, y que no se adquiere escuchando explicaciones ajenas, sino experimentando con el mundo que nos rodea. La función del maestro consiste, por lo tanto, en preparar una serie de incentivos para la actividad cultural, en un entorno específicamente organizado y, después, en abstenerse de entrometerse o interferir. Los maestros humanos no pueden hacer otra cosa que ayudar en la gran obra que se desarrolla ante ellos, igual que los sirvientes ayudan a su amo. Al hacerlo, serán testigos del desarrollo del alma humana y del surgimiento del Hombre Nuevo, que ya no será víctima de los acontecimientos, sino que tendrá la capacidad de visión necesaria para dirigir y plasmar el futuro de la sociedad humana.

2. Descubrimiento y desarrollo del sistema Montessori

Si se quiere reformar el sistema educativo, es necesario basarlo en los propios niños. Ya no basta con estudiar a los grandes educadores del pasado, como Rousseau, Pestalozzi o Fröbel; los tiempos han cambiado. Por lo demás, yo tampoco busco que me aclamen como a la gran educadora de este siglo, porque lo único que he hecho ha sido estudiar al niño, recibir y expresar lo que él me ha dado, lo que se denomina el «método Montessori». A lo sumo, soy la intérprete del niño. He acumulado una experiencia de cuarenta años, comenzando con el estudio médico y psicológico de los niños con discapacidad mental, a quienes traté de ayudar. Descubrí que, cuando se aplicaba un nuevo punto de vista basado en la cooperación con sus mentes subconscientes, desarrollaban capacidades realmente notables: tanto que se decidió extender el experimento a los niños normales, y así nacieron las Casas de los Niños[7] (Case dei Bambini) en algunos de los barrios más pobres de Roma, destinadas a acoger a chiquillos a partir de tres años. Los visitantes de estas casas se quedaban atónitos al encontrarse con niños de cuatro años que escribían y leían y, cuando preguntaban a uno de ellos «¿quién te ha enseñado a escribir?», el pequeño respondía, levantando la vista, asombrado por la pregunta: «¿Enseñarme? No me ha enseñado nadie. ¡Lo he aprendido yo solo!».

---

[7] La primera de ellas se abrió en 1907. (N. de E.)

En la prensa, se empezó a hablar de esta «adquisición espontánea de cultura», y los psicólogos afirmaron que debía de tratarse de niños dotados de un talento especial. Durante algún tiempo, yo misma compartí esa creencia, pero, al ampliar los experimentos, pronto quedó demostrado que todos los niños poseían esas capacidades, y que sus años más preciosos se estaban desperdiciando; el desarrollo infantil se estaba frustrando, en gran medida, por culpa de la idea errónea de que la educación solo es posible después de los seis años. La lectura y la escritura son los elementos básicos de la cultura, ya que posibilitan el resto de las adquisiciones culturales, pero ninguno de los dos es tan natural para el hombre como el lenguaje oral. La escritura suele considerarse una tarea tan árida que solo pueden practicarla los niños mayores. Pero yo enseñé las letras del alfabeto a niños de cuatro años, aplicando los mismos métodos que ya había probado en niños con discapacidad mental. Había descubierto que limitarme a presentar las letras por sí solas, día tras día, no les causaba ninguna impresión, pero, cuando hice que les grabaran las formas de las letras en madera, y que los niños repasaran las marcas con los dedos, empezaron a reconocer las letras de inmediato. Pese a su discapacidad mental, después de un tiempo, fueron capaces de escribir un poco, gracias a este sistema. Así, me di cuenta de que el sentido del tacto era de gran ayuda para los niños que aún no se habían desarrollado completamente, y preparé unas letras senci-llas para que las repasaran con la punta de los dedos. Cuando este mismo método se aplicó a niños normales, se reveló un fenómeno inesperado: ¡a los niños se les presentaron las letras en la segunda quincena de septiembre, y ese mismo año ya escribieron sus cartas de Navidad! Semejante rapidez era algo inimaginable. Además, los niños empezaron a hacer preguntas sobre las letras, conectando cada una de ellas con un sonido; parecían pequeñas máquinas ansiosas de absorber todo lo relacionado con el alfabeto, como si en sus mentes hubiera un vacío que lo atrajera. Parecía sorprendente, pero en realidad es fácil de explicar. Las letras eran un estímulo, que ilustraba el lenguaje que ya estaba en la mente del niño y lo ayudaba a analizar sus propias palabras. Cuando el niño solo conocía unas pocas letras, si se le ocurría un nombre que incluía sonidos distintos a los que él podía representar, era natural que preguntara por ellos. Tenía el impulso interno de adquirir cada vez más conocimiento y se dedicaba a deletrear para sí mismo palabras que sabía usar en el lenguaje hablado. Sin importar lo larga y difícil que fuera la palabra, el niño podía representarla después de que el profesor la dictara una sola vez, seleccionando las letras necesarias de los compartimentos de una caja. Si el maestro pronunciaba rápidamente una palabra al pasar, al volver, veía que los niños la habían escrito con las letras móviles. Para estos chiquitajos de cuatro años, era suficiente con pronunciar la palabra una sola vez, aunque un niño de siete años o más requiera muchas repeticiones antes de captarla correctamente. Todo esto se debía, evidentemente, a que estaban en un período de especial sensibilidad, en el cual la mente es como cera blanda; a esa edad es susceptible de absorber improntas que difícilmente podría recibir en una fase más avanzada, cuando esta maleabilidad tan especial ya ha desaparecido.

El fenómeno de la escritura se produce como resultado adicional de ese trabajo interno llevado a cabo en la mente del niño. Al comprender cómo la palabra se forma a partir de los sonidos que la componen, el niño la analizaba y la reproducía por medio del alfabeto móvil. Conocía la forma de cada letra porque la había tocado una y mil veces; así que aprendía a escribir de repente, en una explosión similar a la del lenguaje hablado. Cuando el mecanismo se ha formado y ha madurado, la totalidad del lenguaje se manifiesta, de forma muy distinta a lo que suele ocurrir en las escuelas ordinarias, en las cuales se aprende primero una letra y luego una combinación de dos.

Si el alumno es capaz de aprender una o dos, después puede aprender todas las demás; el niño sabe cómo escribir y, por lo tanto, puede escribir todas las palabras del idioma. Y ahora escribe continuamente, no por fría obediencia al deber, sino por obediencia entusiasta a su propio impulso. Esos niños escribían usando cualquier objeto que cayera en sus manos, como un trozo de tiza sobre la acera o sobre una pared; dondequiera que hubiera un espacio libre, adecuado o no, se encontraba una palabra escrita: ¡una vez, incluso en una barra de pan! Sus pobres madres analfabetas, que carecían de recursos para comprar lápices o papel, venían a pedirnos ayuda para satisfacer las necesidades de sus hijos. Nosotros les proporcionábamos lo necesario, y los niños se dormían con el lápiz en la mano, porque se quedaban escribiendo hasta el último momento del día.

Al principio pensamos que podríamos ayudarlos dándoles folios especiales con interlineado, cuya separación iba disminuyendo gradualmente, pero pronto nos dimos cuenta de que los niños podían escribir con la misma facilidad con cualquier tipo de interlineado, y que a algunos hasta les gustaba usar una letra diminuta y apenas legible. Lo más extraño de todo era que escribían con una hermosa caligrafía, mejor que la de los alumnos de tercero en otros colegios. La caligrafía de todos ellos era muy similar, porque todos habían tocado las mismas letras, por lo que esa forma se había fijado en sus respectivas memorias musculares.

Ahora bien, estos niños sabían escribir, pero no leer.[8] Al principio, esto puede parecer extraordinario y absurdo, pero resulta bastante lógico si se reflexiona sobre ello. Generalmente, los niños aprenden primero a leer y luego a escribir, pero nuestros pequeños alumnos habían empezado analizando las palabras en la mente y, después, las habían reproducido con letras del alfabeto colocadas una junto

---

[8] Célestin Freinet realizó la misma argumentación y describió ese mismo procedimiento con posterioridad a Maria Montessori. Se refería a ello como la «metodología natural de la escritura y de la lectura». (N. de E.)

a otra, relacionando cada letra con un sonido del lenguaje que ya existía en su mente. Esta unión entre la letra y el lenguaje se había producido durante ese período de especial sensibilidad, por lo que el lenguaje se había multiplicado: ahora se expresaba también por medio de la mano, a través de la escritura, en lugar de hacerlo solo por los labios, a través de la palabra hablada. Pero los niños aún no sabían leer. Al principio, creíamos que el obstáculo principal podía ser la diferencia entre las letras impresas y la forma cursiva utilizada en la escritura. Estábamos pensando en introducir diferentes tipos de letras para superar esta dificultad cuando, de repente, los niños empezaron a leer por sí solos, y eran capaces de hacerlo con cualquier tipo de fuente impresa, incluso con la gótica, que se encontraba en los calendarios. Esto ocurría cinco meses después del primer intento de componer palabras con letras móviles; de nuevo, un impulso había obrado en el interior del niño, haciendo que se esforzara por comprender el significado de los signos desconocidos. Estaba haciendo un trabajo similar al de los científicos que estudian las inscripciones prehistóricas en lenguas ignotas y que, gracias al análisis comparativo y a una atenta observación, consiguen descifrar el significado de unos signos desconocidos. Una nueva llama había prendido en el corazón de los niños. Los padres se quejaban de que no podían llevar a sus hijos a dar un paseo sin que estos se pararan delante de cada tienda para descifrar los letreros. A los cinco años, nuestros pequeños alumnos eran capaces de leer cualquier libro.

Hay otro aspecto cultural que no puede explicarse con tanta facilidad como la escritura: el campo de las matemáticas. Consideramos las matemáticas desde tres puntos de vista:

1. Aritmética: la ciencia de los números.
2. Álgebra: la abstracción de los números.
3. Geometría: la abstracción de la abstracción.

Guiados por nuestra experiencia sobre la mentalidad infantil, hemos presentado estos tres campos juntos, y a una edad increíblemente temprana. La unión de estos tres aspectos ha demostrado ser de gran ayuda, y muy eficaz, como si, en lugar de intentar sostener un tema sobre un poste en equilibrio precario, lo afianzáramos sobre tres patas robustas, que se unen para proporcionar una gran estabilidad; por ejemplo, al explicar los números, los agrupamos en formas geométricas, y nuestro material de matemáticas está diseñado para explicar los tres aspectos casi al mismo tiempo. Los niños pequeños han demostrado sentir un gusto especial, casi una verdadera pasión, por el estudio de los números y su disposición geométrica. Justo después, por medio del álgebra, se introduce la idea abstracta de estas cantidades y de sus relaciones. Esto también trajo una gran sorpresa, porque al principio los niños no demostraron el mismo interés que habían manifestado por la escritura. Era fácil concluir que al niño le interesaba el lenguaje, pero no las matemáticas, ¡que eran demasiado áridas para él, demasiado abstractas! El hecho era que también nosotros estábamos dominados por los prejuicios, y habíamos limitado las matemáticas a las cuatro operaciones básicas, realizándolas solo con los diez primeros números. Los propios niños nos revelaron la verdad, porque, cuando introdujimos el sistema decimal a los mayores, los niños de cinco y seis años lo recibieron y lo aprendieron con gran entusiasmo, lo que no había ocurrido con los números del 1 al 10. Para nuestra sorpresa, los de cuatro años también querían aprenderlo y lo asimilaron con tanto fervor que ahora tenemos a pequeños de tres años que realizan operaciones con millones; no solo eso, sino que hemos tenido que iniciarlos en el álgebra y la geometría. Si estas se introducen como material sobre el que trabajar, los niños las aceptan con gran deleite. Un día, sentimos una profunda emoción al encontrar a un niño que estaba desarrollando por sí mismo el cubo de un trinomio $(a + b + c)^3$.

Había deducido él solo que, si se pueden usar *a* y *b*, ¿por qué no las demás letras del alfabeto? ¡Al niño no le gustan las limitaciones!

A diferencia del lenguaje, este desarrollo vívido y rutilante no cuenta con una historia previa: no podemos rastrear sus inicios ni su desarrollo mental antes de su primera manifestación, por lo que solo podemos deducir que existe una predisposición especial para las matemáticas en estos primeros años de infancia. Observamos que las operaciones que despiertan en el alumno no ya interés, sino entusiasmo, son aquellas que le exigen mayor precisión: cuanto más complicado resulta el argumento, mayor es el entusiasmo del niño. Esta precisión no solo se percibe en el desarrollo, en las operaciones exactas requeridas en algunos ejercicios, sino también en el estudio de una flor o de un insecto. Existe una predisposición a la exactitud y al detalle y puede dirigirse a la determinación de las cantidades. La aritmética es una especie de abstracción y, por lo tanto, lleva esta exactitud al nivel abstracto. El niño, partiendo de lo material, pasa al número abstracto y, de ahí, al nivel aún más abstracto del álgebra, y trabaja con precisión en los tres campos —el material, el abstracto y el algebraico—, fascinado por el hecho de poder llevar a cabo el juego de las unidades. Llegamos a esta conclusión partiendo de las ideas de Pascal,[9] el gran filósofo y físico, un profundo conocedor del número y la cantidad, quien afirmaba que la mente humana tiene la característica de ser matemática, y que esta cualidad mental es la que abre camino al progreso. Esta afirmación suele provocar hilaridad, porque la experiencia práctica de los maestros convencionales parece demostrar que, de todas las materias, las matemáticas son las más refractarias para la mente humana. Pero ¡ahora los niños pequeños están demostrando que Pascal tiene razón! Profundizando más en sus conclusiones, Pascal afirmaba que toda la acción de la

[9] Se refiere al matemático y filósofo francés Blaise Pascal (1623-1662). (N. de E.)

humanidad repercute en el entorno y que se desarrolla dentro de unos límites cada vez más exactos. Esta exactitud es algo que solo puede proporcionar la mente, lo que prueba que la mente posee esta cualidad matemática. La mente humana, como la historia demuestra, se dedica sin descanso a la transformación de su entorno, a la interpretación de los objetos que la rodean y los fenómenos que se derivan de ellos. Para lograrlo, es necesario entender con exactitud esos objetos, y ser meticulosos en el campo de la precisión. Hace dos siglos, Pascal deducía que la exactitud es una característica fundamental de la mente humana.

En lo que se refiere a la importante cuestión del cansancio, los niños menores de seis años han revelado un hecho sorprendente: en los colegios convencionales, el niño se cansa enseguida,[10] lo que dificulta la enseñanza; por lo tanto, se piensa que empezar a ir a la escuela a una edad temprana es una crueldad, y los padres cariñosos quieren que sus pequeños no hagan nada más que jugar y dormir. Pero hay claros indicios de que los propios niños se aburren profundamente con este programa, y que reaccionan en contra de él realizando todo tipo de travesuras. Nuestra experiencia con niños de tres a seis años, e incluso más pequeños, ha demostrado que no solo no se cansan con el aprendizaje a esas edades, sino que en realidad se fortalecen. No todo el trabajo provoca cansancio; por ejemplo, cuando comemos, realizamos mucho esfuerzo con las mandíbulas, los dientes y la lengua, pero ese trabajo trae como resultado una energía renovada. Del mismo modo, sentimos la necesidad natural de ejercitar nuestros músculos para robustecerlos. Lo mismo ocurre

---

[10] La preocupación por el cansancio infantil escolar, es decir, por la fatiga intelectual desde el punto de vista pedagógico, estuvo muy presente desde los años setenta del siglo XIX entre los círculos de investigación médica, como quedó de manifiesto en diversos congresos de higiene y en la psicología infantil experimental. Se hicieron numerosos estudios sobre el *surmenage*, como el que realizó Alfred Binet en 1898. (N. de E.)

con el desarrollo mental de los niños. No solo parecen infatigables, sino que la actividad intelectual les proporciona más fuerza y salud. En los primeros años de infancia, existe una predisposición natural a la recepción de la cultura, pero la sociedad desaprovecha este período de receptividad, reduciéndolo a un régimen de juego y sueño. Aun así, el niño no puede dejar de absorber ni de estar activo, pero, si no tiene nada que absorber, tiene que contentarse con juguetes. Los psicólogos dicen que el niño debe jugar, porque perfecciona sus facultades a través del juego. Pero también admiten que el niño absorbe un entorno determinado, y que forja el vínculo histórico entre el pasado y el futuro. Concluyen que tenemos que quedarnos observando, sin molestar al niño mientras él absorbe el presente jugando y viviendo, y que no tenemos que ayudarlo, sino abandonarlo a sus propios recursos. Pero ¿cómo puede un niño absorber la cultura en un mundo tan complicado si lo dejamos solo, jugando con juguetes y construyendo castillos de arena? Por lo tanto, existe una contradicción en el pensamiento de estos psicólogos, ya que dicen que es importante comunicarse con el niño en su etapa absorbente y, al mismo tiempo, que hay que dejarlo solo para que juegue continuamente, ya que así construye y desarrolla sus facultades. Se ha exaltado el juego como algo místico, y los hombres serios y dignos observan con reverencia a un niño que construye castillos de arena. Pero, lógicamente, si es verdad que en este período de los tres a los seis años el niño posee por naturaleza aptitudes especiales para una fácil adquisición de la cultura, debemos aprovecharlas, y rodear al pequeño de objetos cuyo manejo lo ayude naturalmente a dar sus primeros pasos en el camino de la cultura. Cuando colocamos en su entorno determinados objetos que le permiten imitar las acciones de los adultos que lo rodean, y los medios adecuados para perfeccionar las adquisiciones que ya ha realizado en la primera etapa, lo estamos ayudando a conquistar la compleja cultura de nuestro tiempo. Y esos objetos que le presentamos no son meros juguetes, como muñecas o soldaditos de hojalata. ¿Cuál de esas cosas prefieren los niños? Cuando se les da el material Montessori, se lanzan sobre él con un entusiasmo que antes se consideraba imposible. Estas mentes hambrientas se encuentran de repente en un entorno que, por sí solas, no pueden comprender ni dominar, pero, cuando se les ofrecen los medios para lograrlo, se lanzan sobre ellos como leones hambrientos, devoran todo aquello que los ayuda a sobrevivir y se adaptan a la civilización tal y como ha evolucionado hasta nuestros días.

Considerando las grandes posibilidades que residen en el niño y su importancia para la humanidad, debemos analizarlas cuidadosamente, y ver cómo podemos contribuir a que se desarrollen. En lugar de poner una fe mística en los juegos infantiles, debemos depositar esa fe en el niño mismo, y hacer algo para crear una ciencia práctica que le permita poner en práctica esas capacidades potenciales que, recientemente, nuestra intuición ha llegado a reconocer.

3. Períodos y naturaleza de la mente absorbente

La nueva concepción se sitúa en el centro de la propia función educativa y altera todas las ideas anteriores sobre el tema. La escuela ya no será un mundo aparte ni se intentará proteger al niño aislándolo cuidadosamente de los contactos sociales. Para proteger adecuadamente la vida, hay que estudiar sus leyes con simpatía, y los psicólogos que han observado a los niños pequeños a partir de su primer año de vida afirman que es, justo en este período, cuando se produce la construcción, la edificación del futuro hombre. Desde el punto de vista psíquico, al nacer, aún no hay nada ¡cero! Y no solo en el campo de la psique porque, al nacer, el niño está casi paralítico, incapaz de hacer nada en absoluto, pero hay que ver de lo que es capaz después de un tiempo: ¡habla, camina, va de conquista en conquista hasta construir al hombre[11] en toda su grandeza, en toda su inteligencia! Estas grandes capacidades potenciales del niño, que por fin han atraído la atención de otros científicos, además de la mía, estaban hasta ahora ocultas bajo el manto de la maternidad: se decía que era la madre quien enseñaba a su hijo a hablar, a caminar y a hablar. Pero no es la madre; es el propio niño quien hace estas cosas espontáneamente. Lo que la madre hace es traer al mundo al bebé, pero es este niño quien produce al hombre, y lo

[11] No debería entenderse como un uso de lenguaje sexista y con estereotipos de género. (N. de E.)

hace aunque la madre muera, o no pueda darle la leche necesaria para su crecimiento. Ni siquiera la llamada «lengua materna» del niño se deriva realmente de la madre, porque un niño que nace en un país extranjero, que no es el de sus padres, normalmente aprende con facilidad el idioma de su entorno, aunque sus padres nunca lo dominen. Por lo tanto, esta capacidad no es hereditaria; no se debe ni al padre ni a la madre, sino al propio niño, quien, sirviéndose de todo lo que encuentra a su alrededor, se forma para el futuro.

Según algunos psicólogos modernos, que han seguido a los niños desde el nacimiento hasta la universidad,[12] en el curso de su desarrollo pueden diferenciarse distintos períodos que, curiosamente, se corresponden con las diferentes fases del desarrollo físico. Los cambios son tan grandes que algunos psicólogos, exagerando al intentar aclarar el concepto, se han expresado así: «El crecimiento es una sucesión de nacimientos». Casi se diría que en determinados períodos de la vida un individuo psíquico dejara de existir y otro naciera. El primero de estos períodos abarca desde el nacimiento hasta los seis años; a lo largo de todo este tiempo, la mente del niño, aunque presenta diferencias notables, sigue siendo esencialmente del mismo tipo. Se observan dos subdivisiones en el período: de los cero a los tres años y de los tres a los seis; la primera muestra una mentalidad inaccesible para el adulto, que no puede ejercer ninguna influencia sobre ella. Luego está el período que va de los tres a los seis años, en el que la entidad psíquica empieza a ser accesible, pero solo de una forma especial. Este período se caracteriza por grandes transformaciones del individuo, de modo que se suele considerar que a los seis años el niño es lo bastante inteligente como

[12] A partir de los años ochenta del siglo XIX, bajo la influencia predominante de la tesis del evolucionismo biológico, se desarrollaron muchos estudios sobre diferentes casos de desarrollo de las distintas capacidades infantiles. Eso dio pie a la llamada «psicología evolutiva». (N. de E.)

para ingresar en la escuela. En realidad, podría ser admitido mucho antes, según el nuevo sistema que propugnamos aquí: pero a los seis años se alcanza una época que corresponde a cambios físicos cruciales, como la pérdida de los primeros dientes. El siguiente período, de los seis a los doce años, es una etapa de crecimiento, pero sin transformaciones. Suele caracterizarse por la serenidad y la docilidad. El tercer período, de los doce a los dieciocho años, vuelve a incluir transformaciones, tanto psíquicas como físicas. La existencia de estos períodos ha sido implícitamente reconocida por la educación oficial de todos los países, ya que los niños son admitidos en la escuela primaria a los seis años y pasan a una escuela superior a los doce, cuando comienza una nueva fase mental. Durante este tercer período, se observa cierta inestabilidad de carácter, con tendencia a la indisciplina y a varias formas de rebelión, pero la escuela convencional sigue su camino sin prestar atención a estas reacciones, cumpliendo su programa de estudios y castigando a los rebeldes. A los dieciocho años el joven puede ingresar en la universidad, que requiere un estudio más intenso, pero que no aporta diferencias esenciales en el método, porque el estudiante tiene que seguir sentado y escuchando para obtener un título que suele resultarle de dudosa utilidad. Ha alcanzado la madurez física, pero todos estos años de estudio, todos estos años de escucha, no han formado a un hombre con voluntad autónoma y capacidad de juicio. Eso tendrá que conseguirlo por medio del trabajo práctico y la experiencia,[13] si es que aún es posible. En Nueva York incluso se han visto manifestaciones de jóvenes intelectuales que portaban pancartas con el lema: «¡Estamos sin trabajo! ¡Nos estamos muriendo de hambre!». ¡Una acusación significativa a la sociedad que se ha gastado tanto en su educación!

[13] Tal y como reclamaba el filósofo, psicólogo y educador John Dewey con la expresión *learning by doing.* (N. de E.)

Muchos pensadores, reflexionando sobre la impotencia del niño recién nacido, se han preguntado por qué el hombre, el ser dotado de la inteligencia más elevada, debe tener una infancia más larga y dolorosa que la de ningún otro animal. Muchos se han preguntado qué podría estar ocurriendo en el período de la infancia. Sin duda, se trata de una obra de creación, porque el individuo parece comenzar desde cero. El bebé no nace en posesión de una vocecita que se desarrolla enseguida, como sí ocurre, por ejemplo, con un gatito, que va mejorando un maullido imperfecto, o con un ternero o un polluelo, que se limitan a fortalecer sus respectivos medios de expresión. El caso del ser humano es único, porque no se trata de un simple desarrollo, sino de una creación a partir de la nada. Este es el paso gigantesco que da el niño, uno que el adulto ya no es capaz de dar. Para un logro semejante, es necesario un tipo de mente diferente a la del adulto, dotada de capacidades distintas. De hecho, esta creación del niño supone un logro formidable. No solo crea el lenguaje, sino también los órganos necesarios para articularlo. Crea cada movimiento físico, cada medio de expresión inteligente.

Todo esto no se hace conscientemente, por medio de la voluntad, sino a través de la denominada «mente subconsciente», dotada de un tipo de inteligencia que se encuentra en todos los seres vivos, incluso en los insectos, que a veces parecen poseer uso de razón. Con esta mente subconsciente, el niño realiza su maravillosa obra de creación, por medio de una facultad con una sensibilidad tan maravillosa que, en cierto modo, se asemeja a una placa fotográfica, que registra automáticamente las impresiones hasta en los detalles más minúsculos. Las cosas de su entorno parecen despertar en el niño un interés intenso, un entusiasmo que penetra en su vida misma. Esta facultad subconsciente es capaz de discriminar. El niño nace con el sentido del oído, de modo que oye la voz humana, pero ¿por qué, de entre los millones de sonidos que lo rodean, escoge solo esta para imitarla? Porque el lenguaje humano ha causado una impresión especial en la mente subconsciente, evocando una intensidad de sentimiento, un entusiasmo, capaz de poner en vibración fibras invisibles para la reproducción de esos sonidos, mientras que otros no causan una emoción tan viva. La absorción de este lenguaje por parte del niño es tan exacta que forma parte de su personalidad psíquica, hasta el punto de que se la llama su «lengua materna», para distinguirla claramente de todos los demás idiomas que podrá adquirir más tarde, con un laborioso esfuerzo. Se trata de una química mental que provoca en el niño una verdadera transformación química. Estas impresiones no solo penetran en la mente del niño, sino que la forman; se encarnan, porque él produce su propia «carne mental», al usar los objetos que están en su entorno. Hemos llamado a este tipo de mente la «mente absorbente», y nos es difícil concebir la magnitud de sus poderes. ¡Ojalá pudiéramos conservarla durante más tiempo! Su pérdida es el precio que pagamos por la adquisición de la plena conciencia humana, pero ¡es un precio muy alto!: ¡el de pasar de dios a hombre!

4. EMBRIOLOGÍA

Tratar de penetrar más en los misterios de la mente absorbente nos conduce a la investigación de la vida prenatal y el fenómeno de la concepción, hacia los cuales, en nuestros días, se está produciendo una nueva orientación en todos los estudios biológicos. Anteriormente, los estudiosos solo consideraban el espécimen adulto, ya fuera animal o vegetal, igual que, para la sociología, solo contaba el ser humano adulto. Ahora los científicos parecen encaminarse en la dirección opuesta y, tanto en el estudio de la vida humana como en el de otros tipos de vida, tienden a considerar los orígenes y las primeras fases del ser vivo; así que se pone el énfasis en la embriología, en la vida de la célula germinal, como resultado de dos células provenientes de adultos. La vida del niño, lo que la origina y lo que se origina, comienza en el adulto y termina en el adulto; ese es el camino, el curso de la vida.

La naturaleza proporciona una protección especial a las criaturas recién nacidas; por ejemplo, el niño nace en medio del amor: su propio origen es el amor y, una vez nacido, está rodeado por el amor del padre y de la madre, un amor que no es artificial ni está impuesto por la razón, como el sentimiento de fraternidad que todas las personas sensatas intentan suscitar. Tan solo en el entorno de la vida del niño se puede encontrar ese tipo de amor, que representa el ideal de la moral humana, el amor que inspira el sacrificio abnegado, la dedicación de uno mismo al servicio de los demás. Ahora bien, este sacrificio que realizan los padres es algo natural, que proporciona alegría y que, por lo tanto, no se percibe como un sacrificio: ¡es la vida misma! Pero es un tipo de vida más elevado que el que se expresa en la competencia social y en la «supervivencia del más apto». Curiosamente, estos dos tipos de vida también se observan en los animales, entre los cuales los más feroces parecen cambiar sus instintos naturales cuando tienen una familia. Es una especie de imposición de los instintos especiales sobre los ordinarios, haciendo que los animales tímidos, que poseen un instinto de conservación aún más fuerte que el humano, lo transformen en otro tipo de instinto, el de protección de sus crías, despreciando por completo su propia seguridad. Así pues, el gran biólogo francés Fabre concluye que la supervivencia de la especie se debe a este gran instinto maternal, y no solo a las armas con las que la naturaleza la ha dotado para la lucha por la vida. ¿No carecen las crías de tigres de dientes, o los polluelos de plumas? Resulta fascinante comprobar cómo la inteligencia se revela incluso en los órdenes más bajos de la vida animal, siempre que es necesaria no en mera defensa propia, sino para la protección de las crías.

Los científicos del siglo pasado pensaban que la célula germinal debía de contener un ser humano diminuto, ya formado, que después solo tenía que limitarse a crecer, como en el caso de los demás mamíferos, y debatían sobre si ese ser humano en miniatura provenía del espermatozoide o del óvulo femenino. La invención del microscopio hizo posible un estudio más detallado, y la conclusión, aceptada con mucha reticencia, fue que no hay nada preexistente en la célula germinal. Esta célula se divide en dos; las dos partes resultantes, en cuatro, y el ser se forma por la multiplicación de las células. La embriología ha avanzado hasta el punto de descubrir que solo existe un plan de construcción preestablecido, que lleva en sí todas las marcas de la razón y la inteligencia. Igual que un hombre que construye una casa empieza acumulando ladrillos, así también esta célula acumula, por subdivisión, cierto número de células nuevas y, luego, construye con ellas tres estratos, dentro de los cuales se construirán, a continuación, los órganos. El modo en que se lleva a cabo esta construcción es extraordinario. Comienza con una sola célula, un punto, alrededor del cual la tasa de multiplicación de las células se vuelve febril, mientras que en otros lugares la reproducción celular continúa como antes. Se ha descubierto que, cuando cesa esta actividad febril, se ha creado un órgano. El descubridor ha interpretado el fenómeno de la siguiente manera: se trata de puntos de sensibilidad, alrededor de los cuales tiene lugar un proceso de construcción. Estos órganos se desarrollan con independencia los unos de los otros, como si cada uno tuviera el propósito de construirse tan solo a sí mismo y, en esa intensa actividad, las células que hay alrededor de cada centro se unen tanto, están tan imbuidas de lo que podríamos llamar su ideal, que se transforman y se vuelven diferentes de las demás células, asumiendo una forma especial según el órgano que se está formando. Cuando los diferentes órganos se completan, independientemente unos de otros, interviene algo más, que los relaciona entre sí y, cuando están tan unidos que ninguno de ellos puede vivir sin los demás, el niño nace. El sistema circulatorio es el que primero los une y el sistema nervioso, el que completa la unión. El plan de construcción se revela como algo basado en un centro de energía, a partir del cual se realiza la creación; una vez que los órganos están completos, están destinados a conectarse, a unirse, para crear un ser vivo independiente. Todos los animales superiores se desarrollan según este mismo plan; de hecho, es el único plan de construcción que existe en la naturaleza.

Parece que la psique humana se construye siguiendo el mismo esquema. También parte de lo que parece ser la nada, porque en el niño recién nacido, desde el punto de vista psíquico, no parece haber nada preconstituido, y los órganos se van formando alrededor de un centro de sensibilidad; aquí también se verifica un proceso de acumulación de material, llevado a cabo por la mente absorbente. Después, se activan centros de sensibilidad, tan intensos que la mente adulta apenas si puede imaginarlos, como se demuestra en la adquisición del lenguaje. A partir de estos centros de sensibilidad, no se desarrolla aún la psique, sino los órganos que esta necesitará. También en este caso, cada órgano se desarrolla independientemente de los demás; por ejemplo, el lenguaje, la capacidad de calcular las distancias o de orientarse en el entorno o la aptitud para mantenerse erguido sobre dos piernas, y otras relacionadas con la coordinación. Cada uno se desarrolla en torno a un centro de interés tan intenso que atraerá al niño hacia un determinado conjunto de acciones. En todos los casos, una vez que se ha formado el órgano, la sensibilidad desaparece; cuando todos los órganos están preparados, se unen para formar la entidad psíquica.

Naturalmente, no se puede entender la construcción de la psique del niño sin conocer estos períodos sensibles y su orden de aparición. A veces, oímos cómo se argumenta que las generaciones anteriores no tenían ese conocimiento, pero producían individuos sanos y fuertes, pero no hay que olvidar que vivimos en una civilización tremendamente artificial, que suprime o adormece en gran medida los instintos de los que la naturaleza dota a la madre. Una madre de costumbres sencillas todavía sabe ayudar instintivamente al niño durante su período sensible y proporcionarle el entorno que el pequeño necesita llevándoselo a todas partes con ella, y protegiéndolo con su amor materno. Las madres de hoy han perdido en gran medida este instinto, y la humanidad se dirige hacia la degeneración; por eso es tan importante estudiar las fases del instinto maternal como lo es estudiar las fases del desarrollo natural del niño, porque ambas cosas estaban destinadas a complementarse. Las madres deben volver a colaborar con la naturaleza, o la ciencia debe encontrar alguna manera de ayudar al desarrollo psíquico del niño y de protegerlo, igual que ha encontrado formas de ayudar y proteger el desarrollo físico. El amor materno es una fuerza, una de las fuerzas de la naturaleza, y debe recibir la atención de los científicos, para que, de aquí en adelante, las madres puedan ayudar conscientemente, ahora que ya no saben hacerlo de manera instintiva. La educación debe proporcionar a las madres los conocimientos necesarios para que, desde el momento del nacimiento, puedan proteger conscientemente las necesidades psíquicas de los niños, en lugar de relegarlos a guarderías higiénicamente inmaculadas, para que los atiendan niñeras bien entrenadas que satisfacen con perfecta eficiencia sus necesidades físicas.[14] Es un hecho que estos niños podrían incluso morir de inanición mental, de puro aburrimiento. Este fenómeno quedó demostrado de forma sorprendente en una ciudad de Holanda,[15] donde se fundó una institución para enseñar a los padres pobres cómo cuidar a sus hijos de manera higiénica. Los niños que habían perdido a sus padres estaban mantenidos en condiciones científicamente perfectas, bien alimentados y cuidados por enfermeras entrenadas en las más modernas teorías sobre la higiene. Pero la mayoría de ellos enfermó, y muchos murieron, mientras que los niños que tenían padres que los llevaban a la clínica no padecían esta enfermedad, ¡y obviamente estaban mucho más sanos

[14] Esta reflexión, presente en diversos autores y autoras, se encuentra ya en los textos que, hacia 1770, escribió fray Martín Sarmiento sobre la educación de la juventud (incluyendo la infancia). (N. de E.)

[15] Desde comienzos del siglo XIX, existía en los Países Bajos una gran preocupación metodológica y social por el desarrollo educativo, como queda reflejado en los informes sociales del sociólogo, economista y estudioso de la educación Ramón de la Sagra de 1838. (N. de E.)

que quienes se criaban en condiciones perfectas de higiene! Así que los médicos se dieron cuenta de que, en su instituto, faltaba algo vital e introdujeron algunos cambios. Las enfermeras se pusieron a imitar lo que las madres hacían con sus hijos, tomándolos en brazos y jugando con ellos; fijándose en esas mujeres, que no sabían nada de cuidados científicos, pero que se guiaban por su amor natural y no protegían demasiado a sus hijos de los contactos sociales, los niños empezaron a florecer, a recuperar la salud y a sonreír.

5. Conductismo

Ni los últimos descubrimientos ni las teorías que surgen de ellos pueden explicar plenamente el misterio de la vida y su desarrollo, pero sirven para mostrar e ilustrar los hechos, y nos permiten ver cómo se produce el crecimiento. Uno de los hechos constatados es que hay un único plan de construcción, y que todos los tipos de vida animal lo siguen. El plan se puede reconocer materialmente en el embrión; podemos seguirlo mediante el estudio de la psicología infantil, y también reconocerlo en la sociedad. Es significativo el hecho de que, en su primera fase, todos los embriones animales son iguales, ya sean de hombre, conejo o lagarto. Para desarrollarse, los vertebrados tienen que pasar por las mismas fases, pero, cuando se completa el desarrollo embrionario, la diferencia es inmensa. Se puede afirmar con la misma certeza que el recién nacido es un embrión psíquico, por lo que, al nacer, todos los niños son iguales y necesitan el mismo trato, la misma educación durante la etapa de crecimiento embrionario, de encarnación mental. Sin importar el tipo de hombre que resulte del trabajo del niño, ya sea un genio o un obrero, un santo o un criminal, todos y cada uno de ellos deben pasar a través de estas fases de la encarnación. En consecuencia, la educación debe ser igual para todos durante los primeros años de vida y debe venir dictada por la propia naturaleza, que ha infundido unas necesidades determinadas en el ser en crecimiento. Es cierto que, después, surgen las diferencias entre los individuos, pero nosotros no causamos esas diferencias; ni siquiera somos capaces de provocarlas. Existe una individualidad interior, un ego, que se desarrolla de manera espontánea, independientemente de nosotros; tan solo podemos ayudar a que el niño que es en potencia un genio, un general o un artista se realice a sí mismo, y eliminar los obstáculos que haya en su camino de crecimiento hacia la realización. Hemos constatado la existencia de centros de sensibilidad, alrededor de los cuales se forman los órganos, y hemos visto cómo después intervienen dos sistemas, el circulatorio y el nervioso, para conectarlos y unirlos. Pero la ciencia no puede explicar el hecho ulterior de cómo llega a la existencia un ser vivo, libre e independiente, diferente a todos los demás y dotado de un carácter propio.

En 1930, en Filadelfia, se realizó un descubrimiento biológico que contradecía por completo las teorías en vigor. Se comprobó que el centro nervioso se forma en el cerebro antes que el nervio óptico, y mucho antes que el ojo. Se concluyó que, en los animales, la forma psíquica precede a la física, y se dedujo que los instintos de cada animal y sus hábitos naturales quedan fijados antes de que se forme el órgano que los expresará. Si la parte psíquica es la preexistente, eso significa que la parte física termina de construirse por sí misma, amoldándose a los requerimientos de la psique, de los instintos; los órganos y las extremidades de los animales, cualquiera que sea su especie, son los más adecuados para expresar estos instintos. Esta nueva teoría se conoce como «conductismo», y establece justo lo contrario de la antigua creencia de que los animales asumían determinados hábitos para adaptarse al medio ambiente. Se pensaba que la voluntad del adulto provocaba las modificaciones necesarias de su estructura corporal, en la lucha por la supervivencia y que, gradualmente, a través de sucesivas generaciones, se llegaba a una adaptación perfecta. En la nueva teoría, no se niega por completo todo esto, pero se sitúa en el centro de todo el comportamiento del animal sus hábitos instintivos. El animal tan solo puede tener éxito en sus esfuerzos adaptativos si estos se producen dentro de los límites de su propio comportamiento. Se puede citar como ejemplo el caso de la vaca, una criatura poderosa, robusta y bien constituida. Su evolución puede rastrearse siguiendo la historia geológica del mundo. Hace su aparición cuando la Tierra ya está bien abastecida de vegetación, y cabe preguntarse por qué este animal ha elegido alimentarse solo de hierba, el alimento más indigesto de todos, para lo que ha tenido que desarrollar cuatro estómagos. Si se tratase tan solo de una cuestión de supervivencia, habría sido más fácil comer cualquier otra cosa de las que se encontraban en abundancia. Desde entonces, han transcurrido millones de años, pero vemos cómo todavía las vacas, en condiciones naturales, se alimentan solo de hierba. Si la observamos de cerca, veremos que la vaca va cortando la hierba cerca de las raíces, pero sin llegar a arrancar nunca la planta; es como si supiera que hay que cortar la hierba de esa forma para que los tallos subterráneos se desarrollen porque, de lo contrario, pronto se seca y muere. Además, se ha descubierto que la hierba es de vital importancia para la preservación de otras formas de vida vegetal, porque aglutina partículas de arena y tierra que, de otro modo, serían arrastradas por el viento. No solo estabiliza el suelo, sino que también lo fertiliza, preparando el terreno para otras formas de vegetación; de ahí la importancia de la hierba en la economía de la naturaleza. Pero, además de cortarla, son necesarias otras dos cosas para que crezca: una es el abono; la otra, la rodadura o la presión de un gran peso. ¿Qué tipo de maquinaria agrícola podría realizar estas tres tareas mejor de lo que lo hace una vaca? Y, además de favorecer el crecimiento de la hierba y el mantenimiento de la superficie terrestre, esta maravillosa máquina nos proporciona leche. Así pues, el comportamiento de la vaca parece específicamente diseñado para los propósitos de la naturaleza, al igual que el de los cuervos y buitres está destinado a prestar un eficiente servicio en otro departamento: el de la recogida de basura.

Estos ejemplos se refieren a la elección de la comida por parte de los animales; la conclusión, justificada a partir de centenares de casos semejantes, sería que los animales no comen solo para satisfacer sus propias necesidades, sino para cumplir una misión que les ha sido impuesta por su conducta, en interés de la armonía de la creación, que se logra mediante la colaboración de todos los seres, animados e inanimados. Hay otras criaturas que comen de forma tan desmesurada que no puede explicarse simplemente por la necesidad de mantenerse con vida. No comen para vivir, sino que viven para comer. Un ejemplo sería la lombriz de tierra, que cada día ingiere una cantidad de tierra equivalente a doscientas veces el volumen de su propio cuerpo. Darwin fue el primero en observar que, sin las lombrices, la tierra resultaría menos fértil.

Otro ejemplo familiar es el de las abejas, que trabajan en la fertilización de las flores; en el cuadro de este conductismo, empezamos a ver cómo los animales se sacrifican en interés de otras formas de vida, en lugar de comer simplemente para preservar su propia existencia. De manera semejante, encontramos en el océano organismos unicelulares que actúan a modo de filtro, eliminando del agua ciertas sales dañinas y, en el cumplimiento de esta función, beben cantidades tan prodigiosas de agua marina que, en relación con su tamaño, equivaldría a que una persona tragara ¡cinco litros por segundo a lo largo de toda la vida! Este propósito superior, que pone a los seres vivos en relación con la Tierra y con su economía vital, nunca podría revelarse a la conciencia de los animales; sin embargo, de su labor dependen otras formas de vida superiores, la propia superficie de la Tierra, la pureza del aire y del agua.

Todo esto evidencia que existe un plan preestablecido, para cuyo desarrollo se han formado los órganos, y demuestra que el propósito de la vida es el de obedecer un mandamiento oculto que lo armoniza todo y tiende a crear un mundo mejor. El mundo no se ha creado para nuestro propio placer, sino que nosotros hemos sido creados para ayudar al cosmos a evolucionar.

Si estudiamos el género humano y lo comparamos con las restantes especies animales, encontraremos algunas diferencias, la principal de las cuales es que la humanidad no ha recibido una forma específica de moverse ni un emplazamiento determinado. De todos los animales, el hombre es el más capaz de adaptarse a cualquier clima, tropical o ártico, desierto o selva; solo el hombre goza de la libertad de desplazarse adonde quiera. También es capaz de realizar los movimientos más variados y, con sus manos, puede hacer cosas que ningún otro animal ha conseguido imitar jamás. Parece que el comportamiento humano no está limitado por ningún tipo de barrera: es libre. Posee el lenguaje más variado y, en cuanto a su capacidad de movimiento, puede caminar, correr, saltar, reptar… Es capaz de realizar movimientos artificiales cuando baila, o de nadar como un pez. Sin embargo, ninguna de estas cualidades está presente cuando el niño nace; debe conquistar cada una de ellas durante los primeros años de infancia. Ese ser humano, que nace casi paralizado, sin posibilidad de moverse, puede aprender por medio del ejercicio a caminar, a correr, a trepar como otros animales, pero debe hacerlo por su propio esfuerzo. El niño no solo adquiere todas las facultades humanas, mucho más variadas que las del resto de los animales, sino que también tiene que adaptar ese ser físico y psíquico que está construyendo durante la infancia al clima y al resto de las condiciones en que tendrá que vivir, y a las exigencias de una civilización cada vez más complicada. Si el comportamiento de los hombres fuera fijo, como el de los demás animales, no serían capaces de adaptarse a las nuevas condiciones, que van cambiando de generación en generación. Parece que la naturaleza ha determinado que esa tarea de adaptación pueda realizarse solo durante la infancia; el adulto no es adaptable. El adulto considera que su región es el lugar más deseable de la Tierra, sin importar los inconvenientes que acarree, y nunca conseguirá dominar por completo los sonidos de una lengua extranjera, aunque sean mucho más sencillos que los de su idioma materno, que adquirió con facilidad en la infancia. Los adultos pueden admirar su entorno y recordarlo, pero el niño puede absorberlo inconscientemente y conformar parte de su psique a partir de él; de este modo, encarna en sí mismo las cosas que ve y que oye, como el lenguaje, realizando verdaderas transformaciones. Los psicólogos denominan a este tipo de memoria la *mneme*;[16] su función es la de construir para el individuo un comportamiento que no solo se adapte al momento y al lugar, sino también a la mentalidad de la sociedad en la que vive. Los adultos tienen en su interior sentimientos y prejuicios, sobre todo de naturaleza religiosa, que quizá su razón se niega a aceptar, pero no pueden liberarse por completo de ellos, porque forman parte de ellos: los llevan «en la sangre», como suele decirse.

De ahí se deduce que, si queremos modificar los hábitos y las costumbres de un país, o acentuar más vigorosamente las características de un pueblo, tenemos que hacerlo a partir de los niños porque, en este sentido, poco puede hacerse actuando sobre los adultos. Para cambiar a una generación o una nación, para ejercer sobre ella una influencia hacia el bien o hacia el mal, para recuperar la religión o desarrollar la cultura, tenemos que mirar hacia el niño, que es omnipotente. La verdad de este axioma se ha puesto de manifiesto recientemente por los nazis y los fascistas, que cambiaron el carácter de pueblos enteros trabajando sobre los niños.

---

[16] En la mitología griega, Mneme es la segunda musa, la que se ocupa de la creación en sí y se encarga de dar forma concreta a las ideas abstractas. Es la primera en recordar. (N. de E.)

6. Educación desde el nacimiento

El recién nacido está muy lejos de alcanzar su pleno desarrollo; se encuentra incompleto, incluso físicamente. Sus pies, destinados a caminar sobre la tierra, y tal vez, incluso, a recorrer el mundo entero, carecen aún de huesos: son cartilaginosos. El cráneo, que rodea al cerebro y debería de actuar como su mayor defensa, no ha desarrollado aún todos los huesos. Y, lo que es aún más importante, los nervios no están completos, por lo que falta una dirección centralizada que conecte todos los órganos; por lo tanto, no hay posibilidad de movimiento, aunque las crías recién nacidas de otras especies tienen la capacidad de moverse y caminar muy poco después de nacer. En realidad, se debe considerar que la vida embrionaria del niño se extiende desde antes hasta después del nacimiento. Esta vida se ve interrumpida por un gran acontecimiento, la aventura del nacimiento, por la cual se sumerge en un nuevo entorno. El cambio en sí mismo es espantoso, como pasar de la Tierra a la Luna. Pero esto no es todo; para dar ese gran paso, el niño debe pasar por un tremendo esfuerzo físico. Cuando un bebé nace, la gente suele preocuparse solo por la madre y sus dificultades, pero el niño pasa a través de una prueba aún más dura, sobre todo si consideramos que ni siquiera es un ser completo, aunque esté dotado de una vida psíquica. No posee todavía facultades físicas, porque antes tiene que crearlas; así pues, este embrión psíquico, que aún no está físicamente completo, debe crear sus propias facultades.

Esta criatura, que nace impotente, incapaz de moverse, debe estar dotada de un comportamiento que la conduzca hacia el movimiento. En otras especies, esos instintos parecen despertar al nacer, en cuanto el animal entra en contacto con su medio. En el caso del hombre, es el embrión psíquico el que debe construirlos, al mismo tiempo que construye las facultades a las que corresponden esos movimientos. Mientras esto sucede, la parte física del embrión está terminando su desarrollo, los nervios se unifican y el cráneo se osifica.

Cuando los polluelos salen de los huevos, no tienen más que esperar a que la gallina les muestre cómo picotear la comida, e inmediatamente empiezan a comportarse como los demás pollos. Ese es su comportamiento actual, el mismo que el de las generaciones precedentes y, presumiblemente, seguirá siendo siempre igual. Pero el hombre debe desarrollar primero su psique, y hacerlo de acuerdo con el entorno y las condiciones cambiantes de una sociedad humana en continua evolución; así, la naturaleza ha tomado la precaución de mantener el cuerpo inerte, mientras que tanto el esqueleto como el sistema nervioso dan prioridad al desarrollo de la inteligencia. Si la vida psíquica tiene que encarnar el entorno, la inteligencia debe observarlo y estudiarlo antes, recogiendo la mayor cantidad posible de impresiones de ese entorno, del mismo modo que el embrión físico empieza por acumular células antes de comenzar a utilizarlas para construir sus órganos especiales.

Así, el primer período de la vida se destina a almacenar las impresiones del entorno y es, por lo tanto, el período de mayor actividad psíquica; una actividad que consiste en la absorción de todo lo que hay en el entorno. En el segundo año, el ser físico casi se ha completado, y los movimientos empiezan a ser seguros y bien determinados. Antes se creía que un niño pequeño no tenía vida psíquica, ¡mientras que ahora comprendemos que la única parte de él que está activa durante el primer año es el cerebro! La principal característica del bebé humano es la inteligencia, a diferencia de los demás animales, que solo necesitan despertar los instintos que los conducen hacia su forma de comportamiento. La inteligencia del niño tiene que asimilar el presente de una vida evolutiva que se remonta a cientos de miles de años de civilización, y que tiene por delante un futuro de cientos de miles de millones de años; un presente que no tiene límite ni en el pasado ni en el futuro, y que nunca es el mismo, pues cambia a cada momento. Sus aspectos son infinitos, mientras que, para las demás especies, no existe más que un aspecto, que siempre permanece fijo. Ciertamente, la psique humana se inicia de manera misteriosa, y está demostrado que comienza antes del nacimiento, porque en la mente del recién nacido encontramos capacidades potenciales tan poderosas que tienen la posibilidad de crear cualquier facultad, de adaptar al hombre a cualquier condición.

Los psicólogos están admirados por lo que denominan la «difícil aventura del nacimiento» y concluyen que el niño debe de sufrir una gran conmoción causada por el miedo. Uno de los términos científicos utilizado en psicología es el «terror del nacimiento»; no se trata de un terror consciente, pero, indudablemente, el recién nacido puede sentir miedo, como cuando lo sumergen demasiado rápido en una bañera, o cuando lo exponen a una luz intensa o a una manipulación extraña. La naturaleza da a una madre sencilla el instinto de mantener al niño cerca de su propio cuerpo; como no le queda mucha energía, permanece quieta y tranquila, por su propio bien, proporcionando al niño la calma necesaria, calentándolo con su propio calor y protegiéndolo para que no reciba impresiones excesivas. Las gatas esconden a sus crías en un agujero oscuro y las protegen celosamente de cualquier contacto externo, pero la mayoría de las madres humanas han perdido en gran parte su instinto natural; en cuanto el niño nace, alguien viene a lavarlo y vestirlo y lo pone bajo la luz para ver el color de sus ojos, exponiéndolo por ignorancia a más conmoción y más sustos. Hoy, las consecuencias de ese «terror del nacimiento» se reconocen a partir de ciertas deficiencias de carácter, que se evidencian durante el desarrollo posterior del bebé; se produce una transformación psíquica y, en lugar de crecer de manera normal, el niño sigue un camino equivocado. Las faltas provocadas por esta causa se han englobado en la expresión de «regresiones psíquicas» y se caracterizan por una postura de rechazo a la vida, como si estos seres permanecieran apegados a algo que existía antes de nacer, sintiendo repulsión hacia el mundo. Se considera normal que el recién nacido duerma muchas horas, pero, si son demasiadas, puede tratarse de un fenómeno de regresión. Otra señal es la costumbre de despertarse llorando y de tener pesadillas con frecuencia; otra, el apego excesivo a alguien, generalmente a la madre, como si tuviera miedo de que lo dejen solo. Este es el tipo de niño que llora fácilmente, que siempre necesita que alguien lo ayude, con tendencia a la holgazanería, a la depresión, a la timidez. Es evidente que estos individuos son inferiores a los demás en la lucha por la vida; no están destinados a tener alegría, valor ni una felicidad normal. Esta es la terrible respuesta de la psique subconsciente. Nuestra memoria consciente olvida, pero las impresiones grabadas en el *mneme* permanecen como características del individuo. En esto radica un gran peligro para la humanidad. El niño que no recibe los cuidados adecuados se venga de la sociedad desarrollando a un individuo débil, un obstáculo para el progreso de la civilización.

En contraste con estos tipos regresivos, el niño normal muestra tendencias fuertemente orientadas hacia la independencia.

El desarrollo se produce mediante la conquista de una independencia cada vez mayor, superando todos los obstáculos del camino. La fuerza vital que proporciona este impulso se llama *hormé*[17] y es comparable a la fuerza de voluntad en el adulto, aunque esta última es mucho menor y está limitada a un individuo concreto, mientras que la *hormé* pertenece a la vida en general: es una fuerza divina que trabaja a favor de la evolución. En el niño en crecimiento, suele manifestarse como entusiasmo, felicidad, «alegría de vivir». Al nacer, el pequeño se libera de una prisión, del cuerpo de la madre, y logra su independencia respecto a las funciones fisiológicas maternas; posee el impulso de enfrentarse al entorno y de conquistarlo, pero, para eso, el entorno tiene que resultarle atractivo. No sería inapropiado denominar lo que siente como «amor por su entorno». Los primeros órganos que empiezan a funcionar son los sensoriales, y el niño normal lo absorbe todo, sin distinguir todavía un sonido de otro, un objeto de otro; primero abraza el mundo y, luego, lo analiza.

A los seis meses de edad se producen determinados fenómenos que señalan un crecimiento normal. Hay cambios físicos, el estómago comienza a segregar un ácido necesario para la digestión, aparece el primer diente. Este es un gran paso hacia la independencia. También es en esta época cuando el pequeño comienza a pronunciar su primera sílaba, colocando la primera piedra en ese gran edificio que llegará a convertirse en el lenguaje. Enseguida puede expresarse, y no tiene que depender de que otros adivinen sus necesidades; realmente, es una gran conquista hacia la independencia. Algún tiempo después de este logro, al año, el niño comienza a caminar, liberándose así de otra prisión. A través de estas fases sucesivas, el individuo se libera, pero todavía no se trata de una cuestión de

---

[17] Palabra griega (ὁρμή) que significa «impulso» o «deseo». (N. de E.)

voluntad; la independencia es un don de la naturaleza, que conduce al hombre a la libertad.

Aprender a caminar es un paso muy importante, muy complejo y, sin embargo, se realiza en el primer año de vida, junto a las conquistas del lenguaje y de la orientación. Los animales inferiores son capaces de desplazarse en cuanto nacen, pero la construcción del hombre es más refinada y necesita más tiempo. La capacidad de mantenerse sobre dos piernas y caminar erguido depende del desarrollo de una parte del cerebro llamada cerebelo, que comienza a crecer muy rápidamente a los seis meses, y que continúa desarrollándose a un ritmo acelerado, hasta que el niño tiene catorce o quince meses. En perfecto paralelismo con el crecimiento del cerebelo, el niño consigue sentarse a los seis meses, comienza a gatear a los nueve, se pone en pie a los diez y da sus primeros pasos entre los doce y los trece meses, mientras que a los quince meses camina con seguridad. Un segundo factor que contribuye a esta conquista del movimiento es el desarrollo de determinados nervios de la columna vertebral, a través de los cuales los mensajes del cerebro llegan a los músculos, y un tercero es la consolidación de la estructura ósea de los pies y del cráneo, de modo que el cerebro esté protegido frente a posibles lesiones si se produce una caída.

Ningún tipo de educación puede enseñar a un niño a caminar antes de tiempo; en esto manda la propia naturaleza, y hay que obedecerla. Además, es inútil tratar de mantener quieto a un niño que ya ha empezado a caminar y a correr, porque la naturaleza quiere que todos los órganos desarrollados se utilicen. Del mismo modo, en cuanto aparece el lenguaje, el niño empieza a parlotear, y resulta dificilísimo conseguir que se calle. Si se le impidiese al niño hablar y caminar, su desarrollo se detendría, así que hay que dejarle libertad en su funcionamiento, en el uso de su independencia. Los psicólogos dicen que el individuo afirma su conducta al tener experiencias en el entorno; por lo tanto, la primera tarea de la educación es proporcionar un entorno que no solo permita al niño desarrollar las funciones que le ha proporcionado la naturaleza, sino que lo ayude a hacerlo. No se trata simplemente de complacer al niño, sino de cooperar con un mandamiento de la naturaleza.

Al observar al niño, se comprueba que, por regla general, siente el deseo de actuar de manera independiente; quiere llevar cosas, vestirse y desvestirse solo, alimentarse, y no por sugerencia de ningún adulto. Al contrario, su impulso es tan fuerte que nuestros esfuerzos tienden a intentar contenerlo, pero, cuando hacemos esto, estamos luchando contra la naturaleza, no contra la voluntad del niño. A continuación, mostrará una tendencia a desarrollar la mente a través de su propia experiencia; así, comenzará a buscar la razón de las cosas. Lo anterior no es una teoría, sino un hecho natural evidente, revelado y confirmado por la observación. Nosotros argumentamos que la sociedad tiene que conseguir que la libertad del niño sea completa; tiene que asegurar su independencia, pero este ideal de libertad e independencia no debe confundirse con las vagas concepciones de los adultos que usan esas palabras. En realidad, la mayoría de la gente tiene una idea muy mezquina de lo que significa la «libertad». Cuando la naturaleza da vida, concede también libertad e independencia, pero, junto a ellas, impone unas leyes concretas, adecuadas al tiempo y a sus necesidades específicas. La naturaleza hace de la libertad una ley de vida: se puede elegir entre ser libre o morir. Nos ayuda a interpretar nuestra vida social mediante la observación del niño, que nos muestra cómo son las cosas en realidad. Se revela que la independencia no es algo estático, sino una conquista continua; que se requiere un trabajo incansable para conquistar no solo la libertad, sino también la fuerza y la perfección personal. Al conceder libertad e independencia al niño, liberamos a un trabajador que siente el impulso de actuar y que no puede vivir sino para su actividad, porque esa es la forma de existencia de todos los seres vivos. La vida es actividad, y solo podemos buscar y encontrar la perfección a través de esa actividad. Algunas aspiraciones sociales que nos llegan a través de la experiencia de las generaciones pasadas, que nos presentan el ideal de menos horas de trabajo, de que otras personas trabajen para nosotros, son características naturales de un niño degenerado que rehúye la vida.

Un problema especial de la educación es el de cómo ayudar a estos niños degenerados, cómo curar las regresiones que retrasan o causan desviaciones respecto al desarrollo normal. Como un niño así no siente amor por su entorno y piensa que los obstáculos para conquistarlo son demasiado difíciles de superar, nuestra primera necesidad es la de disminuir esos obstáculos para, a continuación, hacer que ese entorno le resulte más atractivo. Por lo tanto, hay que proporcionar al niño una actividad agradable, algo interesante que hacer, que lo invite a realizar posteriores experimentos. Podemos llevar gradualmente al niño de ese estado inicial de pereza al interés por algo que le despierte el deseo de trabajar, de la desidia a la actividad, de ese estado de miedo (que, a menudo, se traduce en un apego tan fuerte que se resiste a cualquier tipo de separación), a la alegría de la libertad y de la conquista de la vida.

En este punto, podemos enunciar ya algunos principios educativos para los dos primeros años de vida de un niño. El bebé debe permanecer el mayor tiempo posible con la madre justo después del nacimiento, y su entorno no debe presentar obstáculos que dificulten su adaptación; esos obstáculos son, sobre todo, un cambio respecto a la temperatura a la que se encontraba en el período prenatal, así como un exceso de luz y de ruido, porque acaba de salir de un entorno de perfecto silencio y de oscuridad completa. Hay que mover y manejar al niño con cuidado, sin bajarlo de forma brusca para sumergirlo en el baño ni vestirlo con movimientos rápidos y toscos —partiendo del hecho de que cualquier manejo que afecte a un niño recién nacido es, ya de por sí, rudo, al ser el bebé tan extremadamente delicado, tanto psíquica como físicamente—. Lo mejor sería que el recién nacido no estuviera vestido, sino que se lo mantuviera en una habitación adecuadamente cálida y sin corrientes de aire, transportándolo sobre un colchón blando, de modo que permanezca en una posición similar a la prenatal. La tendencia actual consiste en proporcionar al niño los mismos cuidados y consideraciones con que se trata a las personas gravemente heridas —solo que de forma aún más atenta y meticulosa—. Además de mantener la higiene y la protección necesarias, la madre y el niño tendrán que considerarse como dos órganos de un mismo cuerpo, que siguen vitalmente conectados por medio del magnetismo animal; necesitan mantenerse aislados durante algún tiempo y recibir consideración y cuidados en todos los sentidos. Los parientes y amigos no deberían besar ni acariciar al bebé, y las enfermeras deberían mantenerlo en todo momento junto a la madre.

Una vez superada esta primera etapa, el niño se adapta fácilmente al mundo en el que ha entrado y empieza a recorrer el camino de la independencia. Su primera conquista es el uso de los sentidos; una actividad puramente psíquica, ya que su cuerpo todavía permanece inerte. Los ojos del niño desarrollan una intensa actividad: no solo recibe impresiones a través de ellos, sino que las busca, como un investigador activo. A diferencia de los animales inferiores, que tienen un campo de observación limitado y se sienten atraídos por determinados objetos solo si su comportamiento los guía hacia ellos, el niño no tiene límites, sino que absorbe todo el entorno, incorporándolo a su psique. Necesita del mundo, de todo lo que lo rodea, para plasmar en él sus habilidades de adaptación. Es un error recluir al niño en una guardería, una especie de prisión, con una niñera como única compañía, y hacer que duerma todo lo posible, como si fuera un inválido. La niñera no le habla mucho, porque las normas de higiene aconsejan mantener la boca tapada, así que ¿cómo va a poder el niño aprender el idioma? Además, la niñera pertenece a un entorno social diferente al del pequeño, por lo que no puede absorber de ella el tipo de lenguaje que necesitará. Los niños ricos de los países desarrollados son los más maltratados en este aspecto, ya que apenas gozan de la compañía de la madre o de sus amigas; los dejan al cuidado de niñeras frías e incompetentes y los sacan a pasear en carritos, protegidos del sol y el frío por medio de capotas, que hacen que les resulte imposible deleitarse los ojos con nada más interesante que el rostro de la niñera. O se vuelven apáticos y torpes, o reaccionan con arrebatos de llanto y rabietas, porque sufren de hambre mental o, al menos, se encuentran mentalmente desnutridos. Es más feliz el niño que va a todas partes con su madre, por la calle, al mercado, en el tranvía y en el autobús, escuchando y mirando, acumulando impresiones de enorme interés, bien seguro bajo los cuidados de su protectora natural.

7. El misterio del lenguaje

El lenguaje es la expresión de un acuerdo entre una colectividad humana, y solo pueden comprenderlo aquellos que han pactado que determinadas ideas quedarán representadas por medio de ciertos sonidos. Otros grupos cuentan con sonidos diferentes para representar esas mismas ideas y objetos, por lo que el lenguaje se convierte en una barrera que separa a un grupo de otro, mientras que une a los miembros del mismo grupo. Es el instrumento necesario para desarrollar un pensamiento conjunto y se ha vuelto cada vez más complicado a medida que el pensamiento del hombre crecía en complejidad. Los sonidos utilizados para componer las palabras son pocos, pero pueden unirse de muchas maneras distintas para formar vocablos, y estos vocablos pueden agruparse de muchas formas diferentes para crear una frase, que permite expresar un pensamiento. No hay nada más misterioso que el hecho de que, para realizar cualquier logro, los hombres tienen que unirse y ponerse de acuerdo y, para lograr este acuerdo, tienen que usar el lenguaje, lo más abstracto que existe, una especie de superinteligencia.

Algunas lenguas se volvieron tan complicadas, tan rígidas y formales, que acabaron muriendo, y otras, derivadas de ellas, ocuparon su lugar en el uso común. Pero, por difícil que hoy nos resulte adquirir un conocimiento perfecto del latín clásico, los esclavos de la Roma imperial lo hablaban, y también los campesinos que trabajaban la tierra, aunque nadie les hubiera enseñado. A los niños romanos de tres años les debía de resultar fácil hablarlo y entenderlo. Ese misterio ha despertado la curiosidad de los expertos actuales, y los psicólogos, al considerar el desarrollo del habla infantil, recalcan que el lenguaje se desarrolla: ¡no se enseña! Es algo que surge naturalmente, como una creación espontánea, y su desarrollo sigue, hasta un grado sorprendente, unas leyes definidas, alcanzando ciertos hitos en determinados momentos; esto se cumple en el caso de todos los niños, con independencia de que su idioma sea más simple o complejo. Para todos los niños, hay un período en el que solo pronuncian sílabas; luego, otro en el que pronuncian palabras de más de una sílaba; al final, parecen comprender toda la sintaxis y la gramática, con el género y el número, el caso, el tiempo y el modo. El niño que crece en un ambiente culto aprende a usar correctamente las complejidades de su idioma en el mismo lapso en que un niño africano aprende las pocas palabras del suyo. Los sonidos que componen las palabras se emiten a través de ciertos mecanismos físicos, como la lengua, la garganta y la nariz, y determinados músculos de la mejilla. La estructura de estos mecanismos resulta perfecta tan solo para hablar la lengua materna; los adultos no pueden diferenciar todos los sonidos de una lengua extranjera ni, mucho menos, pronunciarlos a la perfección. Solo el niño menor de tres años puede construir el mecanismo del lenguaje y puede hablar cualquier cantidad de idiomas, siempre que estén en su entorno al nacer. Este trabajo empieza en la oscuridad de la mente subconsciente, donde se desarrolla y se fija permanentemente. Los cambios tienen lugar en profundidades a las que la observación adulta no tiene fácil acceso. Pero sí podemos ver y controlar algunas de sus manifestaciones externas, que son claras y significativas, y comunes para toda la humanidad. Puede concluirse que los sonidos de cualquier idioma mantienen su pureza durante las sucesivas etapas de la vida, y también que la mente subconsciente del niño asimila con la misma facilidad tanto las cosas fáciles como las difíciles. Ningún niño se cansa de aprender a hablar; su mecanismo le proporciona el lenguaje en su totalidad, de la misma manera que el mecanismo de una película fotográfica reproduce con la misma facilidad a 10 personas que a 1 sola. La película graba la imagen en una fracción de segundo, pero costaría tiempo y esfuerzo dibujar la imagen de un hombre, y 10 veces más dibujar a 10.

Otra analogía interesante es que la fotografía se toma y se revela en la oscuridad; solo puede exponerse a la luz cuando la imagen se fija y, entonces, es inalterable. Lo mismo sucede con el mecanismo humano del lenguaje en el niño: comienza en la profunda oscuridad del subconsciente, se desarrolla y se fija allí y, solo entonces, se exhibe abiertamente.

Algunas observaciones, llevadas a cabo pacientemente y registradas con precisión día a día a partir del nacimiento, han permitido establecer hechos que son verdaderos hitos. En el interior del niño se produce un misterioso desarrollo, de enorme importancia, mientras que sus correspondientes manifestaciones externas son muy modestas, de manera que se constata una gran desproporción entre las actividades internas y sus señales visibles. Se ha comprobado que no se trata de un progreso regular y gráficamente lineal, sino a saltos, de modo que entre la conquista de las sílabas y la de las palabras transcurren meses, en los que no parece producirse ningún progreso. A la adquisición de las primeras palabras sigue, de nuevo, un largo período de interrupción aparente, pero, en la vida interna del niño, se está produciendo un continuo y enorme progreso, con el resultado de que, de repente, se verifica lo que los psicólogos llaman un «fenómeno explosivo». En todos los niños, y a la misma edad, se libera de repente una cascada de palabras, pronunciadas a la perfección. En tres meses, todos los niños llegan al punto de usar con facilidad los modismos y las peculiaridades lingüísticas; todo esto sucede al final del segundo año de vida, para un niño normal de cualquier raza. Estos fenómenos siguen verificándose después de los dos años; se produce, de la misma forma explosiva, el dominio de las oraciones complejas, los tiempos y modos de los verbos y las dificultades sintácticas, hasta que la expresión del lenguaje se completa. Solo entonces este tesoro, preparado por el subconsciente, alcanza el nivel consciente, y el niño hace pleno uso de su nuevo poder, parloteando sin parar y de manera incontenible.

Los dos años y medio parecen ser el límite de demarcación de la inteligencia, el momento en el que el hombre ya se encuentra formado. A partir de ahí, el desarrollo ya no es explosivo, pero el niño sigue enriqueciendo su vocabulario si se encuentra en un ambiente culto, y lo amplía incluso en las circunstancias menos favorables. Científicos belgas observaron el hecho de que, mientras que a los dos años y medio un niño solo conocía 200 palabras, a los cinco ya sabía y usaba miles —y sin tener maestros—. Y, después de haber aprendido todo esto por sí mismo, ¡lo mandan a una escuela para que le enseñen el alfabeto!

Es necesario tener en consideración otros factores relativos a los mecanismos del lenguaje. En la corteza del cerebro hay dos centros: uno auditivo, para la percepción de los sonidos, y otro, motor, para la producción del lenguaje. El centro receptivo o auditivo se relaciona con esa parte misteriosa de la psique en la cual el lenguaje se desarrolla subconscientemente, y con el oído. El órgano del oído se completa antes del nacimiento y tiene una forma parecida a la de un arpa, con 64 cuerdas colocadas por orden de longitud, que forman una concha para economizar espacio. No puede captar todos los sonidos del Universo, ya que solo dispone de esas 64 cuerdas, pero en él se puede tocar música bastante compleja; es capaz de transmitir un idioma, con todas sus delicadas variaciones de tono y acento. Lo curioso es que, según los psicólogos, el oído es el sentido que más tarda en desarrollarse; se pueden hacer todo tipo de ruidos alrededor del bebé sin que este manifieste ninguna reacción. Pero eso se debe a que esos centros cerebrales están diseñados para el lenguaje; el mecanismo, en conjunto, responde solo a la palabra hablada, de modo que, a su debido tiempo, se producirá el mecanismo motor destinado a reproducir esos mismos sonidos que el niño recibe. Si los centros auriculares no estuvieran aislados de esa forma y pudieran recibir cualquier sonido, un niño nacido en una granja quedaría impresionado por los sonidos predominantes del mundo rural, y empezaría a balar, a gruñir y a cacarear, y un niño nacido cerca de una vía férrea reproduciría el silbido y el resoplido de los trenes. El hombre aprende a hablar gracias a que la naturaleza ha construido y preparado estos centros especialmente para el lenguaje humano. Hay casos autentificados de niños lobo: bebés humanos que, por alguna razón, fueron abandonados en el bosque, y que lograron sobrevivir de forma milagrosa. Aunque tenían a su alrededor toda clase de sonidos de animales y pájaros, estos niños se quedaron completamente mudos; no habían oído ningún idioma humano, lo único que puede poner en funcionamiento el mecanismo que genera el lenguaje hablado. La humanidad se distingue por esta facultad, no la de poseer el lenguaje, sino la de poseer el mecanismo que crea el lenguaje. En esas regiones misteriosas del cerebro hay un dios, un yo dormido, que parece despertarse gracias a la musicalidad de la voz humana, una llamada divina que hace vibrar las fibras. Todos los grupos humanos aman la música, crean sus propias melodías y su propio lenguaje y responden a su propia música con movimientos del cuerpo; esta música se fusiona con palabras, pero las palabras no tienen sentido en sí mismas, no hasta que las convenciones humanas les confieren un significado.

A los cuatro meses –hay quien dice que incluso antes– el niño se da cuenta de que esta música misteriosa, que lo envuelve y lo conmueve tan profundamente, proviene de una boca humana; los labios se mueven para producirla. Fijémonos en la intensidad con la que un bebé observa los labios. La conciencia ya está tomando parte en el trabajo, aunque el movimiento ha sido preparado de manera inconsciente; ahora surge un interés consciente, que provoca y lleva a cabo sus indagaciones, penetrantes e intensas. Después de haber observado atentamente durante dos meses, el bebé produce sus primeros sonidos; de repente puede decir «da-da-da» o «ma-ma-ma», sílabas articuladas. Al cabo de diez meses ha descubierto que el habla no es solo una música que hay que imitar con la mayor fidelidad posible, sino que los sonidos que le dirigen tienen un significado. Así, al final del primer año han ocurrido dos cosas: en la profundidad del inconsciente, ha comprendido el lenguaje, y lo ha creado en los niveles superiores de la conciencia, aunque hasta ahora se limitaba a balbucear, a repetir los sonidos y sus combinaciones. Entonces, pronuncia sus primeras palabras intencionadas, todavía balbuceando, pero con un significado consciente. Aquí se produce un gran conflicto en el interior del niño: el de la conciencia contra el mecanismo. Es una época en que su inteligencia está generando gran cantidad de ideas, y sabe que los demás podrían entenderlas, si tuviera un lenguaje adecuado para expresarlas; es la primera decepción de la vida, y lo impulsa a la escuela que existe en su subconsciente, estimulándolo a aprender. Es el impulso consciente el que realiza esta adquisición apresurada del lenguaje, y su maestro interior hace que el niño se dirija a los adultos, que hablan entre sí, no con él. Este impulso lo lleva a aprender el lenguaje en su forma correcta aunque, al ignorar sus necesidades reales, la mayoría de los adultos se dirigen a él usando solo un «lenguaje de bebé», sin ofrecerle ninguna ayuda. Debemos ser conscientes de que el niño entiende, y de que podemos hablarle gramaticalmente y ayudarlo a analizar la estructura de las frases. El niño de uno o dos años puede querer decir algo que le parece tremendamente necesario, pero ser incapaz de encontrar las palabras adecuadas, por lo que se agita, e incluso se enfurece, y todo se atribuye al «pecado original».[18] ¡Pobre pequeño, que trabaja tanto por su independencia! ¡Verse tan incomprendido! La rabia es la única expresión a la que puede recurrir cuando no dispone de los medios adecuados.

Cuando tiene aproximadamente un año y medio, el niño ha comprendido que cada objeto tiene un nombre, de modo que, entre las palabras que ha aprendido, ahora puede elegir los sustantivos, especialmente los concretos. Es importante para él, porque ahora puede pedir lo que quiere y amontona en una sola palabra una frase entera, de modo que la madre o la maestra tienen que esforzarse mucho para interpretarlo y, así, calmar el alma atormentada del pequeño. Lo ilustraré con el caso de un bebé español: su madre lo llevaba en brazos durante un pícnic, pero, como era verano y hacía calor, se quitó el abrigo y se lo colgó del brazo. Inmediatamente, el niño empezó a agitarse y a balbucear «to-palda», pero, como nadie entendía lo que quería decir con eso, se puso a gritar violentamente. Le sugerí a la madre que volviera a ponerse el abrigo; el niño se apaciguó de inmediato y empezó a lanzar gritos de alegría. Esas palabras crípticas eran una abreviación de «paltó», el tipo de abrigo que llevaba su madre, y «espalda». Lo que había ocurrido era que el sentido del orden del niño se había visto ultrajado por la posición incorrecta del abrigo en el brazo de su madre. Este desorden era más de lo que podía soportar.

---

[18] Fórmula procedente del judeocristianismo, según la cual todos los humanos nacemos «manchados» por el pecado original, en tanto que descendientes de Adán y Eva, quienes, según la Biblia, desobedecieron el mandato divino de no comer el fruto del árbol prohibido. El bautismo religioso sería el acto que nos libera de esa mancha. (N. de E.)

Otro ejemplo nos revela que un niño de año y medio puede entender por completo una conversación. Cinco personas estaban debatiendo el valor de un cuento infantil y concluyeron con el comentario: «Tiene un final feliz». Pero el niño estaba en franco desacuerdo, así que empezó a gritar: «¡Lola, Lola!». Los adultos creyeron que el pequeño quería a su niñera, y que la llamaba por su nombre, pero eso no sirvió de nada: el niño estaba cada vez más angustiado y enojado, hasta que, por fin, cogió el libro y mostró que, en la contraportada, había una imagen de un niño llorando. ¿Cómo podía ser feliz el final si dejaba a un niño llorando? La palabra «lola» era un intento de decir «llora», con lo que quedó claro que el pequeño había seguido toda la conversación de manera inteligente.

La agitación forma parte integral de la vida de los niños debido, en gran medida, a la incomprensión de los adultos. El hecho es que dentro del niño hay una gran riqueza, que lucha por encontrar una forma de expresarse, y solo puede hacerlo con enorme dificultad, a causa tanto del entorno como de las propias limitaciones infantiles. Algunos niños son más fuertes que otros, y algunos gozan de un entorno más favorable; estos se dirigen directamente hacia la independencia –siguiendo el camino de un desarrollo normal– sin regresiones. Lo mismo ocurre con la conquista de la lengua –una mayor independencia– que desemboca en la libertad de expresión, pero que también tiene, de forma paralela, sus peligros de regresión. Hay ciertos obstáculos cuyo efecto puede quedar grabado para siempre ya que, en esta etapa de la vida, todas las impresiones quedan registradas de manera permanente. Los adultos a menudo padecen de dificultades para expresarse, que van desde la vacilación y la timidez hasta la tartamudez; estos defectos se originaron cuando se estaban organizando los mecanismos del habla. Estas regresiones se producen debido a la sensibilidad del niño: igual que es sensible a lo que lo ayuda a progresar, también es sensible a los obstáculos demasiado arduos para él; esta sensibilidad lo acompañará durante el resto de su vida, como un defecto. Cualquier forma de violencia, tanto en el lenguaje como en el comportamiento, provoca un daño irreparable en el niño. Otra forma de sensibilidad desviada es aquella que se debe al esfuerzo, tranquilo pero firme, de un adulto empeñado en restringir las manifestaciones externas de los niños. Las madres que pueden permitirse lo que se considera una niñera bien entrenada para sus hijos deberían asegurarse de que esta no intervenga continuamente diciendo «no hagas esto», «no debes hacer esto otro», con el resultado de que se producen determinadas formas de impedimento del habla muy comunes entre los aristócratas, que no carecen de coraje físico, pero sí vacilan o tartamudean penosamente al hablar.

Muchos de los miedos insensatos y de los hábitos nerviosos que se encuentran en los adultos se remontan a alguna violencia ejercida sobre la sensibilidad infantil; por lo tanto, es importante para la humanidad que esta etapa de la vida del niño se estudie con atención. El maestro debería emprender esta exploración, buscando penetrar en la mente infantil, igual que el psicoanalista penetra en el inconsciente del adulto. Se necesita a un intérprete para el niño y para su idioma; mi propia experiencia en este ámbito me dice que los niños corren ansiosamente hacia su intérprete, al darse cuenta de que ahí pueden encontrar ayuda. Ese afán es muy distinto del afecto superficial que un niño devuelve a la persona que lo acaricia y lo mima; para el niño, el intérprete es una gran esperanza, que le abre una puerta que el mundo le ha cerrado. Con esa persona se crea una relación más estrecha, más profunda, que el simple afecto, porque proporciona ayuda, y no mero consuelo.

8. El movimiento y su función en la educación

El movimiento es la conclusión y el propósito del sistema nervioso; sin él, no puede existir el individuo. El sistema nervioso, junto con el cerebro, los sentidos, los nervios y los músculos, relaciona al hombre con el mundo, a diferencia de los demás sistemas del organismo, que están exclusivamente al servicio del individuo físico: por eso se los denomina «órganos de la vida vegetativa». Los sistemas vegetativos ayudan al hombre a depurar su organismo y a mantenerlo sano, pero el sistema nervioso tiene un propósito más elevado que conseguir una pureza y una salud de la mente análogas. El comportamiento de los animales no se rige meramente por la búsqueda de la belleza y la gracia de los movimientos, sino que tiene un propósito más profundo: ayudar a la economía universal de la naturaleza. Así, también el hombre tiene un propósito: no solo el de ser más puro y fino que los restantes animales, sino el de usar sus riquezas espirituales, su grandeza estética, al servicio de los demás. Sus facultades tienen que llevarse a la práctica, para poder completar el ciclo de la relación. Hay que tener en cuenta esta perspectiva no solo en la práctica de la vida, sino también en la educación. Si tenemos un cerebro, sentidos y órganos de movimiento, todos ellos deben funcionar y, si no se ejercita cada una de sus partes, ni siquiera podemos estar seguros de comprenderlas. El movimiento es la última parte que completa el ciclo del pensamiento, y la elevación espiritual se logra a través de la acción o del trabajo. La gente suele pensar que hay que utilizar los músculos para mantenerse sanos, así que, para moverse un poco, juegan al tenis, o salen a caminar para tener una mejor digestión y dormir bien. Este error se ha infiltrado en la educación, y es tan absurdo como convertir a un gran príncipe en el sirviente de un pastor. El sistema muscular, el príncipe del organismo, se ha convertido en una manivela giratoria para ayudar a que los sistemas vegetativos funcionen mejor. Esto es un gran error: la vida física queda separada por completo de la vida mental; por eso, es necesario incluir el juego en los planes de estudios, para que el niño pueda desarrollarse física y mentalmente. Es cierto que la vida mental no tiene nada que ver con los pasatiempos físicos, pero no podemos separar lo que la naturaleza ha unido. Al considerar la vida física por un lado y la mental por el otro, rompemos el ciclo de la relación, y las acciones humanas suelen quedar separadas del cerebro. El ser humano dedica toda su actividad a comer y a respirar, cuando el movimiento debería ser el servidor de la vida en su conjunto y de la economía espiritual del mundo.

Es fundamental que las acciones humanas se conecten en el centro —el cerebro— y que se ubiquen en el lugar que les corresponde. La mente y el movimiento son dos partes de un mismo ciclo, y el movimiento es la expresión superior. De lo contrario, el hombre se desarrolla como una masa de músculos sin cerebro; hay algo que no funciona, como cuando un hueso roto incapacita la extremidad. Nuestro nuevo método educativo se basa esencialmente en la constatación de que el desarrollo mental está conectado con el movimiento y depende de él. Sin movimiento, no hay progreso ni salud mental. Esta verdad no necesita demostraciones ni pruebas formales: basta con observar la naturaleza y sus fenómenos y, especialmente, con seguir el desarrollo del niño. La observación científica demuestra que la inteligencia se desarrolla a través del movimiento. Ha habido experimentos en todas partes del mundo que han confirmado que el movimiento ayuda al desarrollo psíquico, y que este desarrollo, a su vez, se expresa en un movimiento posterior; por lo tanto, hay un ciclo que debe completarse, porque la mente y el movimiento pertenecen a una misma unidad. Los sentidos también ayudan; cualquier deficiencia sensorial provoca que el niño sea menos inteligente.

Es lógico que el movimiento sea una expresión superior de la psique, porque los músculos que dependen del cerebro son los llamados «músculos voluntarios», ya que se mueven a voluntad del individuo, y la voluntad es esa energía primordial sin la cual la vida psíquica no puede existir. Los músculos forman la mayor parte del cuerpo y le dan forma. Son muy numerosos; los hay delicados y voluminosos, cortos y largos, con diferentes funciones. Un dato curioso al respecto es que, si un músculo funciona en una dirección determinada, siempre hay otro que funciona en la dirección opuesta, y la precisión del movimiento depende de esta oposición. El individuo no es consciente de que esta oposición existe, pero así es como se produce el movimiento. En el caso de los animales, es la naturaleza la que proporciona unos movimientos perfectos; la gracia del tigre o la de la ardilla se deben a una gran cantidad de músculos en oposición, que se conjugan para lograr esa armonía. En el hombre, este mecanismo no se recibe al nacer, por lo que tiene que crearse, lo que se logra a través de experimentos prácticos realizados en el entorno. No se trata tanto de un ejercicio de movimiento, sino de coordinación. Esta coordinación no está preestablecida para el niño humano, sino que tiene que crearse y perfeccionarse a través de la psique.

Pero el ser humano posee la facultad de poder realizar todos los movimientos, y de extenderlos más allá de los límites posibles para cualquier animal, e incluso de apropiarse de algunos de ellos. Posee una habilidad universal en lo referente a la acción, pero con una condición: la de hacerse primero a sí mismo, creándose, al principio, de manera subconsciente y, luego, repitiendo voluntariamente los ejercicios necesarios para conseguir la coordinación. Al ser tan rico en facultades potenciales, elige qué parte de esta riqueza quiere usar. Un gimnasta no está dotado de un conjunto especial de músculos que lo ayuden ni un bailarín ha nacido con músculos específicamente refinados para su arte; ambos los desarrollan por voluntad propia. Así pues, nada está preestablecido, pero todo es posible, con la ayuda de la voluntad, y no todos los hombres hacen las mismas cosas, como sí ocurre con los animales de una misma especie. Cada hombre sigue su propio camino, y el trabajo es la principal expresión de su vida psíquica. Quienes no trabajan están en serio peligro de sufrir atrofia espiritual. Aunque los músculos son demasiado numerosos para poder ejercitarlos todos, sí que hay una cierta cantidad mínima por debajo del cual la vida psíquica corre peligro. La admisión de este hecho ha llevado a introducir la gimnasia en la educación, ya que había demasiados músculos que se dejaban sin utilizar.

La vida psíquica requiere de muchos músculos, pero no deberían usarse principalmente por razones utilitarias, como se hace en algunas formas de educación moderna consideradas técnicas. El verdadero objetivo es que el hombre pueda desarrollar la coordinación de los movimientos necesarios para enriquecer el aspecto práctico de su vida psíquica. De lo contrario, el cerebro tiene que desarrollar una serie de movimientos con independencia de la dirección psíquica central, y eso lleva al mundo revoluciones y desastres. En el complejo cuadro de la vida humana, lo primero no es el trabajo en sí, sino el perfeccionamiento, la realización personal, que se consigue a través del trabajo. En realidad, esta centralización, lograda a partir del movimiento, tiene que expandirse necesariamente, y no hay límites para su expansión.

Mientras que en el resto de los animales las cuatro extremidades se desarrollan juntas mediante el movimiento, en el hombre la función de las piernas es completamente diferente a la de los brazos, y cada una de ellas se desarrolla de manera distinta. Se observa que la capacidad de caminar y de mantener el equilibrio es algo fijo en todos los hombres, por lo que puede considerarse un hecho biológico. Todos los hombres realizan las mismas acciones con los pies, pero no con las manos, de cuya actividad no se conoce el límite. Aunque la función de los pies es biológica, va seguida de un desarrollo interno del cerebro, con el resultado de que el ser humano camina sobre solo dos extremidades, mientras que otros mamíferos usan cuatro. Una vez que el hombre aprende a caminar sobre dos piernas, mantiene la posición erguida; sin embargo, este ha sido un logro difícil para la humanidad, una verdadera conquista, que requería colocar en el suelo la totalidad del pie —no solo los dedos, como los demás animales—. Evidentemente, la mano no tiene esa misma guía biológica, ya que sus acciones no están preestablecidas, pero tiene una conexión psicológica y, para su desarrollo, depende no solo de la psique del individuo, sino también de la vida psíquica de las diferentes etapas cronológicas y de los diferentes grupos raciales. Es característico del ser humano pensar y actuar con sus manos; desde los primeros tiempos, ha dejado rastros de su trabajo, toscos o refinados, según el tipo de civilización. Mirando hacia las tinieblas de ese pasado del que no se han conservado ni los huesos, podemos deducir algunas particularidades acerca de los individuos y de su época a partir de sus obras de arte; hay una civilización basada en el poder, que ha dejado tras de sí colosales masas de piedra que suscitan nuestra admiración, y otra civilización que se revela como más refinada. La mano ha seguido a la inteligencia, al espíritu y a las emociones, y el hombre, en sus migraciones, ha dejado tras de sí el rastro de su trabajo. Más allá del punto de vista psicológico, todos los cambios producidos en el entorno humano se han hecho mediante la mano del hombre. La civilización se ha construido gracias a que las manos han acompañado a la inteligencia; bien puede decirse que la mano es el órgano de ese inmenso tesoro concedido al ser humano.

Incidentalmente, el antiguo arte de la quiromancia se basa en el reconocimiento de la mano como órgano psíquico; sus practicantes afirman que toda la historia de un hombre está escrita en la palma de su mano. Por lo tanto, el estudio del desarrollo psíquico del niño debe estar estrechamente relacionado con el estudio del desarrollo de la mano. Es cierto que la inteligencia del niño puede desarrollarse hasta cierto punto sin usar las manos, pero con estas se alcanza un nivel superior, y el niño que ha usado sus manos siempre tiene un carácter más firme. Si, debido a las circunstancias, el niño no puede usar las manos, tendrá un carácter inferior, incapaz de obediencia o iniciativa, perezoso y triste, mientras que el niño que puede trabajar con sus manos muestra firmeza de carácter. Un aspecto interesante de la civilización egipcia, durante el período en que el trabajo manual produjo las obras más espléndidas en los campos del arte, del poder y de la religión, es que el mayor elogio que se podía dedicar a un individuo en las inscripciones funerarias era el de haber sido un hombre de carácter.

Los estudios lingüísticos han revelado que el lenguaje tiene una relación especial con el oído; del mismo modo, se ha descubierto que el desarrollo del movimiento está conectado con la vista. El primer paso del movimiento es el de agarrar, o hacer prensión: en cuanto la mano agarra algo, se crea la conciencia del gesto, y la mano realiza la prensión; lo que al principio era algo instintivo se convierte en un movimiento consciente. A los seis meses de edad, este movimiento es totalmente intencionado. A los diez meses, la observación del entorno ha despertado el interés del niño, que quiere agarrarlo todo, por lo que la prensión va ahora acompañada del deseo. El pequeño empieza a ejercitar la mano cambiando de sitio las cosas que encuentra a su alrededor, abriendo y cerrando puertas, sacando los cajones, poniendo tapones en botellas, etc. A través de estos ejercicios, va adquiriendo habilidad. En este período, ninguno de los demás miembros ha adquirido aún inteligencia ni conciencia, aunque se verifica un rápido desarrollo del cerebelo, el centro rector del equilibrio. El entorno no tiene nada que ver con esto; el cerebelo ordena, y el niño, con esfuerzo y un poco de ayuda externa, consigue sentarse y, luego, levantarse solo. Primero, el bebé se gira para quedar boca abajo y gatea y, si durante este período un adulto le ofrece dos dedos en los que sostenerse, el niño se pondrá en pie y colocará un pie delante del otro, apoyándose solo en las puntas. Cuando por fin aprende a levantarse por sí solo, apoya en el suelo todo el pie y camina agarrado a la falda de su madre; poco después de eso, podrá caminar solo, feliz ante esta nueva forma de independencia. Ahora bien, si el adulto sigue ayudándolo, se convertirá en un obstáculo en el camino del desarrollo infantil. No tenemos que ayudar al niño a caminar y, si su mano quiere trabajar, tenemos que proporcionarle incentivos para la actividad, y permitirle avanzar, conquistando cada vez mayor independencia.

Un factor importante, y claramente visible a la edad de año y medio, es la fuerza que tienen tanto las manos como los pies; en consecuencia, el niño siente el impulso de poner el máximo esfuerzo en cualquier cosa que hace. Hasta este momento, el equilibrio y el uso de las manos se han desarrollado por separado, pero ahora se conjugan; al niño le gusta caminar llevando cargas, a menudo desproporcionadas con respecto a su tamaño. La mano, que ya ha aprendido a agarrar, tiene que ejercitarse cargando peso. Así, es frecuente ver a niños de esta edad llevando, por ejemplo, una gran jarra de agua, caminando despacio para no perder el equilibrio. También se constata la tendencia a desafiar la ley de la gravedad: no contento con caminar, el niño tiene que escalar, agarrándose a cualquier saliente y tirando de sí mismo. A continuación, llega el período imitativo, cuando al niño, que ya tiene libertad de movimiento, le encanta hacer lo mismo que los adultos a su alrededor. Así, vemos la lógica del desarrollo natural: primero el niño prepara sus instrumentos, las manos y los pies; luego se fortalece mediante el ejercicio; después, observa lo que están haciendo los demás y se pone a trabajar por medio de la imitación, preparándose para la vida y la libertad.

En este período de su actividad, el niño es un gran caminante, necesita largos paseos, pero los adultos insisten en llevarlo en brazos, o meterlo en un carrito, por lo que el pobre pequeño tan solo puede caminar en su imaginación. No le dejan andar: lo llevan; no puede trabajar: ¡ya lo hacen por él! En el umbral de la vida, nosotros, los adultos, le causamos un complejo de inferioridad.

9. Acciones imitativas y ciclos de actividad

La edad de año y medio se ha convertido en objeto de gran interés para los psicólogos, ya que es un período de enorme importancia en la educación. Fisiológicamente, es la fase en la cual se produce la coordinación entre el adiestramiento de los miembros superiores y los inferiores. Psicológicamente, el niño está a las puertas de la revelación de lo que supone convertirse en un ser humano completo porque, a los dos años, su desarrollo se consumará con la explosión del lenguaje; a esta edad, ya está esforzándose por dejar salir lo que tiene en su interior.

Es un hecho reconocido que esta es una edad de máximo esfuerzo, que tiene que recibir apoyo, y también que los niños muestran un instinto de imitación. Siempre se ha dicho que los niños eran imitativos, pero se trataba de una afirmación superficial, acompañada del consejo de que los padres y maestros dieran buen ejemplo para que los pequeños lo siguieran. El resultado no era el ideal, pues todos pensaban que debían presentarse como modelos de perfección, aun sabiendo que estaban lejos de serlo. Buscábamos una humanidad perfecta: pensábamos que la humanidad tenía que llegar a ser perfecta imitándonos a nosotros, pero éramos imperfectos, por lo que llegábamos a un callejón sin salida. La naturaleza, sin embargo, no sigue ese razonamiento. Lo importante es que el niño se prepare para la imitación; esta preparación es lo que importa y depende del esfuerzo del propio niño. El esfuerzo no está en la imitación, sino en la creación, dentro de la psique, de la posibilidad de imitar, de transformarse en el objeto deseado. Un niño no puede convertirse en pianista por mera imitación, sino que debe preparar sus manos para adquirir la agilidad necesaria y, en un nivel más elevado, contarle historias de héroes y santos no hará que el niño sea heroico o santo, no hasta que su espíritu se haya preparado. La imitación puede proporcionar inspiración e incentivo, pero tiene que haber una preparación adecuada para convertir esa inspiración en acción. La naturaleza no se limita a proporcionarnos el instinto de imitación, sino que también nos da la capacidad de realizar el esfuerzo necesario para transformarnos en lo que el ejemplo requiere; así pues, los educadores que se proponen ayudar para la vida tienen que examinar de qué manera pueden favorecer que los niños realicen esos esfuerzos.

El niño de esta edad se empeña en realizar determinadas tareas, que tal vez resultan absurdas según el razonamiento de los adultos. Pero esto, para él, carece de importancia: tiene que llevar a cabo la actividad hasta su conclusión. En él hay un impulso vital hacia la plenitud de la acción y, si el ciclo de este impulso se rompe, provoca desviaciones de la normalidad y carencia de propósito. Ahora se concede mucha importancia a este ciclo de actividad, que es una preparación indirecta para la vida futura. A lo largo de toda su existencia, los hombres se están preparando indirectamente para el futuro, y se observa que, cuando alguien realiza algo grande, generalmente ha habido un período de trabajo preliminar, no necesariamente en la misma línea que la obra final, pero sí que ha habido un esfuerzo intenso que ha proporcionado al espíritu la preparación necesaria. Y ese esfuerzo debe alcanzar un desarrollo completo: el ciclo tiene que llegar a su fin. Por eso, los adultos no deberían interferir para detener ninguna actividad infantil, por absurda que parezca, siempre que no resulte demasiado peligrosa para la vida o la integridad física. El niño tiene que completar su ciclo de actividad.

Esta actividad adopta muchas formas interesantes: una es la de que el niño cargue con pesos que están mucho más allá de sus fuerzas, y sin razón aparente. Una vez, en casa de un amigo, vi a un bebé que se esforzaba por llevar pesados taburetes, uno por uno, de un extremo a otro de la habitación. Los niños de esta edad llevarán cosas de un lado a otro hasta que se cansen. La reacción habitual del adulto es sentir lástima por la debilidad del niño, ir a ayudarlo y quitarle el peso, pero los psicólogos han reconocido que esta interrupción del ciclo de actividad elegido por un niño es una de las mayores represiones que puede ejercerse sobre él a esta edad, y que conduce a dificultades posteriores. Otro ejercicio que les encanta es el de subir escaleras, pero no por el hecho de llegar al piso superior ya que, una vez que llegan a lo más alto, tienen que volver al punto de partida para completar el ciclo. Un día, vi cómo un niño subía una escalera muy empinada; cada peldaño tenía la mitad de la altura del pequeño, y él tenía que usar ambas manos para levantarse y, luego, poner las piernas en una posición dificilísima. Pero tuvo la constancia necesaria para llegar a la cima: 45 escalones. Luego, miró hacia atrás para ver lo que había logrado, pero perdió el equilibrio y cayó por las escaleras. Los peldaños estaban cubiertos con un denso tapete, por lo que la caída no le provocó mucho daño y cuando, después del último bote, volvió a encontrarse abajo del todo, se puso de pie y nos miró. Pensábamos que iba a llorar, pero, por el contrario, se echó a reír, muy contento, como si dijese: «¡Qué difícil es subir y qué fácil bajar!».

A veces, estos esfuerzos requieren de un esfuerzo de atención y de una buena coordinación de los movimientos, más que del uso de la fuerza. Una vez vimos cómo un niño de año y medio, que podía recorrer la casa libremente, llegaba a la habitación de la ropa, donde había una pila de 12 servilletas grandes, ya planchadas y prepararas para guardarse. El pequeño agarró la de arriba con ambas manos, feliz al ver que la podía sacar fácilmente de la pila; recorrió el pasillo, y la colocó con cuidado en el suelo, en la esquina más alejada. Hecho esto, volvió a por otra y repitió la acción para cada una de las 12, diciendo cada vez que las cogía: «una». Cuando las hubo colocado todas en el lugar que había elegido, pensamos que su actuación había terminado, ¡pero no! En cuanto la última estuvo en la esquina, empezó a colocarlas otra vez en su sitio original, llevándolas una a una, y diciendo «una» en cada viaje. Estaba muy concentrado, dedicando a su trabajo una extraordinaria atención y cuando, al final, se fue para ocuparse de algún otro asunto suyo, tenía en la cara una expresión de enorme satisfacción.

A la edad de dos años, el niño tiene una necesidad de caminar que la mayoría de los psicólogos no tienen en cuenta. Puede caminar dos kilómetros o incluso tres y, si parte del camino es cuesta arriba, tanto mejor, porque le encanta subir: para él, los tramos más difíciles del recorrido son los más interesantes. Pero los adultos tienen que comprender lo que este proceso de caminar significa para el niño; la idea de que no puede caminar proviene del hecho de que esperan que camine a la velocidad de los adultos y, cuando no puede mantener el ritmo, porque tiene las piernas más cortas, lo levantan y lo llevan en brazos para llegar más rápido a la meta. Pero el niño no quiere llegar a ninguna parte: solo quiere caminar. Y, para ayudarlo de verdad, el adulto debe seguir al pequeño, y no esperar que este mantenga su ritmo. En este ejemplo concreto, está claro que resulta necesario seguir al niño, pero, de hecho, esta misma regla es válida para todos los aspectos de la educación y en todos los campos. El niño tiene sus propias leyes de crecimiento y, si queremos ayudarlo a crecer, debemos seguirlo, en lugar de imponernos. El niño camina tanto con los ojos como con las piernas: lo que lo hace avanzar son las cosas interesantes que encuentra en su paseo. Camina hasta que ve a un cordero pastando; se siente atraído por el espectáculo y se sienta junto al animal para observarlo. Una vez satisfecho con esta experiencia, sigue avanzando hasta que ve una flor, y se sienta junto a ella para olerla. Un poco más adelante, queda sorprendido al ver un árbol y camina alrededor de él cuatro o cinco veces, antes de continuar. De esta manera, puede recorrer kilómetros, realizando un gran número de paradas para descansar y concentrarse en los descubrimientos interesantes. Y, si hay alguna dificultad en el camino —si hay que escalar una roca o cruzar un arroyo—, su felicidad es máxima. El agua ejerce una atracción singular sobre el niño, que a veces se sienta y dice con deleite «agua», mientras que el adulto habría pasado por delante de ese pequeño reguero que cae gota a gota sin prestarle la menor atención. Así pues, el niño tiene una noción de lo que significa «caminar» diferente a la de su niñera, que quiere llegar a un lugar determinado en el menor tiempo posible. Lo lleva a un parque a dar un paseo, o a tomar el aire en su carrito, con la capota bajada, de manera que el pequeño no puede ver casi nada.

La educación tiene que considerar que el hombre es un caminante, que avanza como un explorador. Todos los niños deberían caminar de esta forma, guiados por la atracción que ejercen sobre ellos los objetos nuevos; aquí la educación puede ayudar al niño ayudándolo a reconocer los colores, la forma y el aspecto de las hojas, los hábitos de los insectos, los pájaros y los demás animales. Todas estas cosas despiertan su interés cuando sale de casa y, cuanto más aprende, más camina. Caminar es, en sí mismo, un ejercicio completo; no hay necesidad de hacer otros esfuerzos gimnásticos, porque estos paseos ya bastan para que el niño respire y haga mejor la digestión, que son las ventajas que se buscan al practicar un deporte. La belleza corporal se adquiere caminando y, si el niño encuentra algo interesante que recoger y clasificar, o una zanja que cavar, o puede reunir madera para encender un fuego, estas acciones que acompañan a la caminata hacen que el ejercicio sea aún más completo.

La práctica de andar debe integrarse en la educación, sobre todo hoy día, ya que la gente no suele caminar, sino que se desplaza en automóvil o en otro tipo de vehículos, de modo que hay una tendencia generalizada a la inmovilidad y la indolencia. La vida no puede dividirse en dos mitades, ejercitando el cuerpo a través del deporte y, después, la mente, a través de la lectura. La vida debe ser un todo, especialmente a esta edad temprana, cuando el niño se está construyendo a sí mismo.

Es muy difícil encontrar personas que no interrumpan, sino que comprendan y respeten la independencia del niño, siguiendo sus pautas naturales de desarrollo; por eso, los psicólogos insisten en la necesidad de crear lugares donde los niños puedan trabajar, de ahí que estén surgiendo escuelas para niños muy pequeños, incluso de año y medio. Estas escuelas ofrecen todo tipo de cosas, como cabañas en los árboles, con escaleras para subir y bajar. Estas cabañas no están pensadas para vivir en ellas, sino para proporcionar un centro de interés que incite a la escalada. Así, se reconoce que nunca es demasiado pronto para comenzar la educación, si queremos que el hombre sea un ciudadano digno en una democracia libre. ¿Cómo podemos hablar de democracia o de libertad si desde el principio de la vida moldeamos al niño para que sufra la tiranía, para que obedezca a un dictador? ¿Cómo podemos esperar una democracia si hemos criado esclavos? La verdadera libertad comienza al principio de la vida, no en la etapa adulta. Hay personas que han visto disminuidas sus facultades, que se han vuelto miopes, que se han visto privadas de su vigor a causa de la fatiga mental, cuyos cuerpos han quedado deformados y cuyas voluntades se han visto quebrantadas por unos superiores autoritarios que dicen: «¡Tu voluntad debe desaparecer y la mía prevalecer!». ¿Cómo podemos esperar que, una vez terminada la etapa escolar, estas personas acepten y hagan uso de los derechos de la libertad?

10. El niño de tres años

La naturaleza parece haber trazado una línea divisoria entre los primeros tres años de vida y los períodos sucesivos. La primera infancia, pese a su creatividad y a estar llena de acontecimientos importantes, se convierte en un período olvidado, comparable a la vida embrionaria que precede al nacimiento físico ya que, hasta los tres años, no se desarrolla la plena conciencia y la capacidad de recordar. En el período psicoembrionario, ha habido desarrollos que se han producido de forma separada e independiente, como el del lenguaje, el del movimiento de los miembros y su coordinación, y ciertos desarrollos sensoriales, del mismo modo que los órganos se fueron desarrollando uno por uno en el embrión antes de su nacimiento, pero nadie recuerda ninguna de estas dos etapas. Esto se debe a que todavía no se ha alcanzado la unidad de la personalidad, a la que solo se llega cuando las diferentes partes se han completado. Esta creación subconsciente e inconsciente, este niño olvidado parece borrarse por completo en el hombre, y el niño de tres años con quien nos encontramos nos parece un ser incomprensible; la naturaleza ha hecho imposible la comunicación entre él y nosotros. Por lo tanto, tenemos que, o ser conscientes de todo lo que ha sucedido en ese período anterior, o conocer la naturaleza misma, si no queremos correr el riesgo de destruir involuntariamente lo que ella estaba construyendo. Hemos abandonado el camino natural de la vida por la vía fatal de la civilización y, como la humanidad civilizada se preocupa solo de proteger la parte física del hombre, y no la psíquica, el resultado para el niño es una prisión —un entorno lleno de obstáculos.

El niño se encuentra por completo bajo el cuidado de los adultos, y estos, a menos que estén iluminados por la sabiduría de la naturaleza o de la ciencia, representarán los mayores obstáculos en la vida del pequeño. El niño de tres años debe desarrollarse experimentando con el entorno, utilizando lo que ha creado en sus primeros años. Ha olvidado los acontecimientos de la etapa anterior, pero las facultades que ha creado durante esa etapa emergen ahora en la superficie de la conciencia, a través de experiencias llevadas a cabo conscientemente. La mano, guiada por la inteligencia, realiza una especie de trabajo, convirtiendo en actos la voluntad psíquica. Es como si el niño, que antes había recibido el mundo a través de su inteligencia, ahora lo tomara en sus manos. Ahora quiere perfeccionar las adquisiciones precedentes, como el lenguaje, que ya está completo en cuanto a su desarrollo, pero que se sigue enriqueciendo hasta los cuatro años y medio. La mente aún conserva la facultad, propia del período psicoembrionario, de absorber sin cansancio, pero ahora es la mano la que se convierte en el órgano directo de la aprehensión intelectual; el niño se desarrolla trabajando con las manos, en lugar de caminando. A esta edad, está trabajando continuamente, feliz y alegre, siempre que se mantenga ocupado en una actividad manual. Los adultos llaman a esta etapa la «edad feliz del juego», y la sociedad ha creado juguetes para corresponder a las actividades del niño. En lugar de proporcionarle los medios necesarios para desarrollar su inteligencia, se le dan juguetes inútiles. Quiere tocarlo todo, pero le dejan tocar algunas cosas y le prohíben otras; la única cosa real que le dejan manipular es la arena y, si no hay arena, el hombre compasivo se la lleva a los niños ricos. También se le puede permitir el agua, pero hasta cierto punto, porque el niño se moja y el agua y la arena crean suciedad, que los adultos tienen que limpiar. Cuando el niño se cansa de la arena, le dan modelos a pequeña escala de cosas que utilizan los adultos, como cocinas y casas en miniatura, o pianos de juguete, pero son cosas que no se pueden usar de verdad. ¡Es una burla! Al niño que se siente solo le hacen una caricatura de la figura humana, una muñeca, y esta muñeca puede llegar a ser más real para él que el padre o la madre, pero la muñeca no puede responderle ni corresponder a su amor, así que es un sustituto insatisfactorio de la sociedad.

Los juguetes se han vuelto tan importantes que la gente piensa que ayudan a la inteligencia; sin duda, son mejor que nada, pero es significativo que el niño se canse rápidamente de un juguete y quiera otros nuevos. Los rompe sin sentido, y la gente infiere que le encanta hacer pedazos las cosas y destruirlas, pero esta es una característica que ha desarrollado artificialmente, ya que carece de las cosas correctas para poder manipularlas. Los niños sienten poco interés por los juguetes, porque la realidad no está en ellos. Por lo tanto, se vuelven apáticos, faltos de atención e incapaces de desarrollarse normalmente, hasta que su personalidad se deforma por completo. A esta edad, el niño está tratando de perfeccionarse a sí mismo, seria y conscientemente, imitando a sus mayores en todas las experiencias de la vida, pero, si le negamos la oportunidad de hacerlo, es inevitable que se deforme.

Esta es, en concreto, la tragedia de los niños de las clases privilegiadas; en los ambientes más sencillos, el niño suele estar más tranquilo y ser más feliz, porque puede utilizar con libertad los objetos que lo rodean, que no son tan valiosos como para quitárselos de las manos por miedo a que ocurra un accidente. Si la madre lava u hornea el pan, el niño también lo hace, si puede encontrar los objetos adecuados, y así se prepara para la vida.

Se ha demostrado, de forma incontestable, que el niño de tres años debe manejar las cosas para lograr sus propósitos. Cuando los objetos están hechos para él, en proporción a su tamaño, y puede usarlos tal y como lo hacen los adultos, todo su carácter parece cambiar, y está tranquilo y feliz. No le llaman la atención las cosas que no están en su entorno habitual, porque su trabajo es adaptarse al mundo adulto que lo rodea, y el propósito de la naturaleza es el de proporcionar alegría en la realización de determinadas actividades. Así pues, el nuevo sistema educativo consiste en proporcionar incentivos a la actividad infantil, por medio de objetos construidos expresamente para la fuerza y el tamaño del niño y, como los adultos suelen trabajar la tierra o trabajar en casa, los niños también deben tener su propia tierra y su propia casa. No hay que hacer juguetes para los niños, sino casas para ellos; no hay que darles juguetes, sino tierras en las que puedan trabajar con herramientas adecuadas a su tamaño; no hay que hacer que se relacionen con muñecas, sino con otros niños reales, creando una vida social en la que puedan actuar por sí mismos. Estos son nuestros sustitutos para los juguetes del pasado.

Cuando rompimos esta barrera, hicimos desaparecer el mal de la irrealidad y los niños recibieron en sus manos objetos reales, su primera reacción no fue exactamente la que esperábamos. Empezaron a mostrar una personalidad diferente, afirmando su independencia y rechazando la ayuda que les ofrecíamos. Sorprendieron a sus madres, a sus niñeras y a sus maestras, mostrando claramente que querían que los dejaran en paz, y que los adultos no eran sino meros observadores en ese ambiente, en el que los niños llevaban las riendas.

Respecto a estos primeros experimentos, que tuve la suerte de realizar en Roma hace muchos años, cabe señalar que no habrían tenido lugar si no fuera por una serie de circunstancias especiales. Si hubiéramos fundado una Casa de los Niños en un barrio rico de Nueva York, no habría sucedido nada notable, al igual que no sucede nada en muchas escuelas ricamente dotadas. La falta de objetos que manejar no es lo único que perjudica el desarrollo infantil; también hay otros factores de oscurantismo. Las circunstancias que favorecieron mi primer experimento fueron principalmente tres:

I. La extrema pobreza y unas condiciones sociales particularmente difíciles. Un niño muy pobre puede sufrir físicamente por la falta de alimento, pero se encuentra en condiciones naturales, por lo que posee una riqueza interior.

2. Los padres de estos niños eran analfabetos, por lo que no podían darles una guía equivocada.

3. Nuestras docentes no eran maestras profesionales, así que estaban libres de los prejuicios pedagógicos propios de las líneas de formación convencionales.

En Estados Unidos, nuestros experimentos no tuvieron éxito, porque allí buscaban a los mejores maestros, y esto significaba elegir a alguien que hubiera estudiado todas esas cosas que no ayudan al niño, y que estuviera lleno de ideas que se oponían a la libertad del pequeño. Imponer a un maestro solo supone obstaculizar al niño. Hay que elegir a personas sencillas para esta tarea y, en cuanto a la pobreza, no es necesario imponerla, pero tampoco hay que tenerle miedo, ya que es una condición elevadamente espiritual. Si queremos llevar a cabo un experimento fácil y tener un éxito asegurado, debemos trabajar entre los niños pobres, ofreciéndoles un ambiente que no poseen. Un objeto construido científicamente es algo que un niño que no ha tenido nada recibe con apasionado interés y que despierta en él la concentración mental. Hace cuarenta años, este hecho provocó una gran sorpresa, porque nunca se había visto en niños de tres años. Sin embargo, la concentración es un acto básico, en el sentido de que un niño se apodere de su entorno elemento por elemento, explorando cada uno de ellos y deteniéndose en él. Sin embargo, si se dan las insatisfactorias condiciones habituales, el niño revolotea de una cosa a otra, sin concentrarse en nada, pero ya hemos demostrado que esta inconstancia no constituye su verdadero carácter.

Hay que recordar que, en un niño de tres años, el maestro interior todavía está activo, guiándolo infaliblemente y, cuando hablamos de un niño libre, nos referimos a uno que sigue la guía de esta naturaleza tan poderosa que opera en su interior. Un niño guiado por la naturaleza está atento a todos los detalles de la tarea que emprende: por ejemplo, si tiene que quitar el polvo de una mesa, lo quita de la parte superior del tablero, de los lados, de las patas, de la superficie inferior e incluso de las grietas, cuando solo se espera que limpie la parte superior. Si se le da libertad y no hay interrupciones por parte de la maestra, dedica toda su atención al trabajo. Hay muchas docentes que tienden a interrumpirlo continuamente para darle lecciones; el niño, que se desarrolla espontáneamente bajo la guía de la naturaleza, no puede avanzar con una maestra que lo alecciona así. La maestra considera que tiene que guiarlo de lo fácil a lo difícil, de lo simple a lo complejo, a pasos graduales, mientras que el niño puede ir de lo difícil a lo fácil, y a grandes pasos.[19] Otro de los prejuicios que tienen estas docentes es el del cansancio. Un niño que se interesa por lo que está haciendo sigue adelante sin cansarse, pero, si la maestra lo interrumpe cada pocos minutos para que descanse, pierde el interés y se fatiga. Ahora bien, en el caso de las maestras provenientes de las escuelas de Magisterio convencionales, estos prejuicios están tan profundamente arraigados que resultan incurables. En la mayoría de las escuelas modernas, este prejuicio

---

[19] Maria Montessori critica aquí el mecanicismo que solía darse en los procedimientos analítico-cartesianos de la llamada «pedagogía realista», revisada desde una visión más compleja y dinámica de la psique humana. (N. de E.)

sobre la necesidad de descansar ha calado tan hondo que se hacen interrupciones cada tres cuartos de hora, con resultados fatales. El mundo de la pedagogía se guía por la lógica humana, pero la naturaleza tiene otras leyes. La lógica distingue entre las actividades mentales y las físicas, afirmando que, para el trabajo mental, tenemos que quedarnos quietos en la clase y que, para el trabajo físico, no se quiere la participación de la mente, por lo que se divide al niño en dos. Cuando tiene que pensar, no se le permite usar las manos, pero la naturaleza demuestra que el niño no puede pensar sin sus manos, y que necesita estar caminando continuamente, como los filósofos peripatéticos[20] de la antigua Grecia. El movimiento y la mente van de la mano; sin embargo, muchos piensan que es imposible tener una escuela donde los niños estudien al mismo tiempo que andan de un lado a otro.

Nuestro nuevo método tiene que hacer un gran esfuerzo para liberar a las maestras de estos y otros prejuicios, y el mayor éxito radica en que las docentes logren deshacerse de la mayoría de ellos. Por lo tanto, si buscamos educar a una gran cantidad de niños y hay escasez de maestras cualificadas, podemos decir: «¡Gracias a Dios!». Esta es una condición favorable.

Sin embargo, las nuevas maestras tienen que comprender algunas cosas fundamentales, que no revisten de grandes dificultades; por ejemplo, durante mi primer experimento, enseñé a mi asistente, que era la hija del portero de los conventillos, a que le presentara al niño determinados objetos de una manera y en un orden particulares, y lo dejara a solas con ellos. A pesar de su falta de educación, la muchacha fue capaz de hacer esto con toda exactitud y, para su sorpresa, los niños se pusieron a trabajar con esos objetos, con

---

[20] Filósofos que reflexionaban mientras paseaban por un atrio o por un claustro. Así lo hacía, por ejemplo, Aristóteles, conocido como el «filósofo peripatético». (N. de E.)

resultados maravillosos. La joven llegó a pensar que aquello era obra de los ángeles o de algún espíritu, y vino corriendo a mí, medio asustada, para decirme: «Señora, ¡ayer, a las dos de la tarde, este niño empezó a escribir!». Parecía haber algo sobrenatural en que el pequeño escribiese frases tan bien formadas cuando no había escrito nada antes en toda su vida, y cuando aún no sabía leer.

La experiencia ha demostrado que el maestro debe retirarse cada vez más a un segundo plano, limitándose a preparar el terreno para que los niños trabajen solos. Nuestra labor consiste en convencer al docente de que su intervención es innecesaria, e incluso maliciosa; a esto lo llamamos el «método de la no intervención». El maestro debe calcular todo lo que se necesita, como un sirviente que prepara con cuidado una bebida para su señor y, luego, se la deja a mano, para que este se la beba a su antojo. Los maestros tienen que aprender a ser humildes, a no imponerse a los alumnos a su cargo, a estar siempre vigilantes para seguir sus progresos y a preparar todo lo que los niños puedan necesitar para sus futuras actividades.

Los padres que cooperan más sinceramente con nuestros métodos educativos son los que provienen de las clases sociales más humildes. Cuando el niño escribe su primera palabra —y el padre y la madre no saben escribir—, su admiración por el logro anima e incentiva a su hijo, mientras que los padres más ricos mostrarán poco interés por este hecho y, probablemente, le preguntarán al niño si no le enseñan Arte en la escuela, por lo que su logro parece menos importante. Si un niño quiere limpiar el polvo a menudo, le dicen que ese es trabajo propio de sirvientes, ¡y que no lo mandan a la escuela para aprender tareas tan serviles! O, tal vez, si una madre descubre que su hijo está aprendiendo ya matemáticas a una edad que ella considera demasiado temprana, empieza a temer que el pequeño desarrolle una fiebre cerebral, y quiere detener este aprendizaje;

de modo que el niño adquiere un complejo de superioridad o de inferioridad y, en consecuencia, queda afectado mentalmente.

Así pues, las condiciones que se consideran desfavorables para un experimento educativo son, en realidad, las más favorables, y el éxito no se limita a los niños, sino que repercute en los padres. En mi primera Casa experimental, los niños que habían empezado a hacer ejercicios prácticos sobre las labores domésticas les decían a sus madres que no podían tener manchas en los vestidos, y que no debían derramar agua en el suelo, y enseguida las madres empezaron a preocuparse por llevar los vestidos limpios y por mantener la casa ordenada. Los padres querían aprender a leer y a escribir porque sus hijos ya sabían, y todo el entorno empezó a transformarse a través de los niños. Parecía que tuviésemos en nuestras manos una varita mágica.

11. Métodos desarrollados a partir de la observación

La explosión de la escritura fue lo primero que llamó la atención del público durante mi primer experimento. Y no se trataba tan solo de la escritura, sino de la personalidad humana en el niño. Una montaña puede parecer sólida y eternamente inmutable, pero contiene un fuego interior, que un día entra en erupción y atraviesa la corteza exterior. Es una explosión de fuego, humo y sustancias desconocidas, que revelan a los observadores cómo es el interior de la Tierra. Nuestra explosión era algo parecido y se dio a causa de unas circunstancias que, por entonces, parecían las menos favorables para tal revelación. La pobreza y la ignorancia; la falta de maestros, de programas de estudio y de reglas significaban la ausencia de cualquier tipo de base, y fueron esas carencias las que permitieron que el alma se expandiera. Todos los obstáculos se habían eliminado de manera involuntaria, pero nadie sabía aún en qué consistían esos obstáculos. Tenemos que reconocer enfáticamente que lo que causó estas explosiones no fue ningún método pedagógico, porque el método aún no existía; el trabajo psicológico vino a continuación, y el método se construyó a raíz de esta erupción volcánica del niño. La prensa lo tituló el «descubrimiento del alma humana».

La nueva ciencia que siguió a estos sucesos no se basaba en la intuición, sino en la percepción directa. Los hechos percibidos se dividen en dos grupos: el primero demuestra que la mente del niño es capaz de adquirir cultura a una edad increíblemente temprana, pero solo a través de su propia actividad independiente; el segundo guarda relación con el desarrollo del carácter, también a una edad que los educadores anteriores consideraban demasiado temprana para que los factores externos pudiesen influir en el carácter infantil. Se equivocaban, porque pensaban que era el adulto el que tenía que influir en el carácter de los pequeños, y convertir el mal en bien es un problema eterno. Pero el período que va de los tres a los seis años es el momento en el cual se forma el carácter, y cada niño se desarrolla según sus propias leyes, a menos que se lo impidan.

El niño se concentra en esas cosas que ya tiene en su mente, por haberlas absorbido en el período precedente, ya que toda conquista cultural tiende a permanecer en la mente, que medita sobre ella. La explosión de la escritura se debía, por lo tanto, a la conquista previa del lenguaje oral, y a una sensibilidad lingüística que desaparece alrededor de los cinco años y medio o seis. Así, solo a esta edad se podía aprender a escribir con tanta alegría y entusiasmo, mientras que los mayores de ocho o nueve años no tenían esa misma inspiración. Se constató que los niños habían preparado indirectamente los órganos que necesitaban para la escritura, por lo que adoptamos la preparación indirecta como parte integrante del método Montessori. Habíamos observado que la naturaleza se prepara indirectamente en el embrión; no da órdenes hasta que los órganos están preparados para obedecerlas. El carácter tan solo se puede construir siguiendo ese mismo proceso. No se gana nada a partir de la mera imitación ni de la obediencia forzada; tiene que haber una preparación interna que posibilite la obediencia, y esa preparación es indirecta. Es fundamental preparar el ambiente para los niños y darles esa libertad gracias a la cual el alma puede desarrollar sus facultades.

En lo relativo al desarrollo del lenguaje, en el período anterior, el niño parecía haber seguido un orden gramatical en el habla, avanzando desde los sonidos y las sílabas a los sustantivos, adjetivos, adverbios, conjunciones, verbos y preposiciones. En consecuencia, pensamos que resultaría útil seguir un método gramatical en el segundo período, y nuestra primera enseñanza lingüística fue la gramática. Parece absurdo, según nuestra manera habitual de pensar, que la gramática se enseñe a los tres años, antes de leer o escribir, pero los niños pequeños estaban muy interesados en ella, a diferencia de los mayores. Al fin y al cabo, la gramática es la construcción de un lenguaje, y los pequeños tenían que construirlo, por lo que les resultaba de gran ayuda.

Las maestras incultas que teníamos en nuestras escuelas, ante el hambre de palabras que demostraban los niños, les escribían todas las que ellas sabían y, luego, acudían a mí en busca de más, tras haber agotado su sencillo vocabulario. Decidimos probar, a modo de experimento, a ofrecerles términos de un nivel cultural más avanzado, como los nombres de las figuras geométricas: polígonos, trapecios y otros de dificultad similar; los niños los absorbieron con facilidad en un solo día. Luego pasamos a los instrumentos científicos, como termómetro y barómetro, y a términos botánicos, como pétalos, sépalos, estambres y pistilos. Todos ellos fueron recibidos con entusiasmo, y los alumnos nos pidieron más porque, en esa edad que va de los tres a los seis años, hay una sed insaciable de palabras, y ningún término es demasiado largo y complicado para el niño. Les dimos vocabulario usado en las clasificaciones de todas las asignaturas —zoología, geografía y otras—; la única dificultad consistía en que las maestras no conocían estas palabras y les resultaba difícil recordar su significado.

La mente del niño no se limita a los objetos visibles y a sus cualidades, sino que va más allá, revelando su fantasía. Los niños, que en sus juegos convierten una mesa en una casa, que utilizan una silla como caballo, que pueden ver con los ojos de la imaginación un hada y el país de las hadas, no tienen ninguna dificultad en visualizar América o el mundo, especialmente si cuentan con la ayuda de un globo terráqueo. Algunos de nuestros niños de seis años tenían uno y estaban hablando de él, cuando un pequeño de cuatro años se acercó corriendo. «¡Dejadme que lo vea! ¿Esto es el mundo? Ahora entiendo cómo mi tío ha dado tres vueltas a su alrededor.» Al mismo tiempo, comprendía que el globo terráqueo era solo un modelo, porque sabía que el mundo era inmenso.

También hubo un niño menor de cinco años que pidió ver uno de los globos terráqueos que dejábamos a los mayores. Estos estaban hablando sobre América, sin prestar atención al pequeño, hasta que él los interrumpió. «¿Dónde está Nueva York?», preguntó. Se lo enseñaron, y la siguiente pregunta fue «¿dónde está Holanda?», que era el país en donde trabajábamos en esa época. Al mostrarle su propio país, el pequeño tocó la parte azul del globo y dijo: «Entonces, esto es el mar. Mi padre va a Estados Unidos dos veces al año y se queda en Nueva York. Cuando se marcha, mamá nos dice: "¡Papá está en el mar!". Luego dice que está en Nueva York. Ahora está otra vez en el mar, y pronto iremos a verlo a Róterdam». Había oído hablar mucho de Estados Unidos y estaba feliz de haberlo descubierto, de haber conseguido orientarse en su entorno mental, tal y como antes había tenido que aprender a orientarse en su entorno físico. Para poder hacerse con el mundo mental de su tiempo, tenía que usar las palabras que había oído en boca de los adultos de su familia y ajustarlas a sus propias imágenes mentales. En los niños menores de seis años, esta fuerza de la imaginación suele malgastarse en juguetes y cuentos de hadas, pero seguro que podemos darles cosas reales sobre las que usar esa imaginación, facilitándoles así la creación de una relación más precisa con su entorno.

Otra característica bien conocida de los niños de esta edad es que siempre están haciendo preguntas, buscando la verdad de las cosas. El adulto debería considerar estas preguntas como algo interesante, no como una molestia, sino como la expresión de una mente en busca de información. Pero los niños no son capaces de seguir explicaciones largas; necesitan respuestas sencillas y, siempre que sea posible, apoyadas por algún objeto ilustrativo, como el globo terráqueo, que puede ayudar a contestar las cuestiones del niño en temas de geografía.

Los maestros requieren una preparación especial, porque los problemas infantiles no pueden resolverse por medio de la lógica. Tenemos que conocer el desarrollo previo del niño y despojarnos de nuestras ideas preconcebidas. Se necesita mucho tacto y delicadeza para cuidar de una mente infantil de entre tres y seis años; afortunadamente, el niño absorbe la información de su entorno, más que del maestro, que solo necesita estar al lado del pequeño, y ayudarlo únicamente cuando este lo llame.

En cuanto a la importante cuestión del carácter y la educación moral, también aquí nuestros experimentos demuestran que hay que considerarla desde un punto de vista diferente, ayudando a la construcción del carácter, más que dando lecciones de moral. De nuevo, en este aspecto es de suma importancia el período que termina a los seis años, porque es la época en la cual se forma el carácter, no por medio del ejemplo y la presión externa, sino a partir de la propia naturaleza. Tras el nacimiento, llegan tres años importantísimos, que ya hemos considerado en las secciones anteriores, durante los cuales el niño recibe una serie de influencias que pueden alterar su carácter de por vida. El carácter infantil se forma en este período, a partir de los obstáculos encontrados o de la ausencia de ellos. Si durante la concepción, la gestación, el nacimiento y el período subsiguiente el niño ha recibido atención y cuidados científicos, a la edad de tres años debería ser un individuo modelo, pero esto rara vez sucede, porque el desarrollo infantil suele estar marcado por una gran cantidad de accidentes.

Si los defectos de carácter se deben a dificultades producidas después del nacimiento, son menos graves que los provocados en el período de gestación, y estos, a su vez, menos graves que los que se remontan a la concepción. Si son posnatales, los defectos se pueden curar entre los tres y los seis años, ya que esta es la época en la cual el niño aprende a adaptarse y a perfeccionar sus facultades. Pero los defectos mentales y físicos debidos al trauma del nacimiento, o a alguna causa anterior, son muy difíciles de corregir. La idiotez, la epilepsia y la parálisis son orgánicas y no tienen cura,[21] por muchos tratamientos que se apliquen. Aunque las dificultades no orgánicas sí se pueden curar, si se tratan antes de los seis años; de lo contrario, no solo persistirán, sino que crecerán y se reforzarán. Es probable que un niño de seis años sea una acumulación de características que no son realmente suyas, sino adquiridas a partir de sus experiencias. Si de los tres a los seis años el niño ha quedado descuidado, es poco probable que adquiera la conciencia moral que debería desarrollarse de los siete a los doce, o bien puede tener deficiencias en el campo de la inteligencia. Privado de un carácter moral y de la capacidad de aprendizaje, se convierte en un hombre lleno de cicatrices, de marcas de las derrotas pasadas que ha sufrido su alma.

En nuestras escuelas, y en muchas otras modernas, tenemos fichas biológicas de cada alumno, para que podamos conocer los problemas de las diferentes épocas y poder establecer el tratamiento necesario. Preguntamos si hay alguna enfermedad hereditaria, qué edad tenían los padres cuando nació el niño, si la madre sufrió

[21] Hoy día, la investigación, la atención terapéutica y los avances médicos y farmacológicos permiten matizar esta afirmación. (N. de E.)

accidentes o sobresaltos nerviosos durante el período de gestación, si el parto fue normal y el bebé nació bien o si fue asfíctico.[22] A continuación, se investiga la vida en el hogar, si los padres o las niñeras han sido severos, o si el niño ha experimentado algún trauma. Este cuestionario es necesario porque casi todos los niños llegan a nosotros con características extrañas y con tendencia a las travesuras, que deben rastrearse y entenderse para poder curarse.

Todas estas desviaciones de la normalidad entran casi inmediatamente en el campo de lo que la mayoría de la gente, de forma bastante vaga, llama «carácter». En este campo, se diferencian dos grupos: el de los niños fuertes, que superan los obstáculos, y el de los débiles, que sucumben a ellos. Los niños fuertes muestran predisposición a la ira, a los actos de rebelión, a la destructividad, al ansia de posesión y al egoísmo, a la falta de atención y a los desórdenes de la mente y la imaginación. Suelen gritar y ser ruidosos, les gusta gastar bromas y son crueles con los animales. Con frecuencia, son codiciosos. Los niños débiles son pasivos y muestran defectos negativos, como pereza o inercia; lloran para conseguir las cosas y pretenden que la gente lo haga todo por ellos. Tienen miedo a cualquier cosa extraña y se aferran a los adultos. Siempre quieren que los entretengan y se aburren y cansan enseguida; tienen el defecto de mentir y el de robar, fundamentalmente como formas de legítima defensa.

Estas dificultades vienen acompañadas de ciertas dolencias físicas y, por lo tanto, demuestran tener un origen psíquico, que no debe confundirse con una enfermedad física real; por ejemplo, la falta de apetito, o su opuesto —la gula— y las indigestiones que se derivan de ella. La propensión a las pesadillas y el miedo a la oscuridad afectan

---

[22] Con síntomas relacionados con alguna forma de asfixia. (N. de E.)

a la salud física y causan anemia. Ningún medicamento puede curarlos, ya que poseen un origen psíquico.

Los niños que tienen estos defectos, especialmente los del tipo fuerte, no son considerados como una bendición en el seno de su familia; se los destierra a la guardería o a la escuela y quedan huérfanos, aunque sus padres estén vivos.

Algunos padres adoptan el remedio de la severidad: abofetean a los niños rebeldes, los regañan, los mandan a la cama sin cenar..., pero los niños empeoran o desarrollan el equivalente pasivo de su defecto. Luego, los padres adoptan la vía de la persuasión, intentando razonar con los hijos y tocar su cuerda sensible: «¿Por qué disgustas a mamá?». No sirve para nada. Los padres de los niños regresivos del tipo pasivo tienden a dejarlos a su aire; la madre piensa que su hijo es bueno y obediente y, cuando él se aferra a ella y no quiere dormirse si mamá no lo acompaña, piensa que no es más que una señal del gran afecto que el niño siente por ella. Pero pronto se da cuenta de que el pequeño es lento y va retrasado en el desarrollo del habla y en el andar. Aunque está sano, le tiene miedo a todo y no quiere comer: hay que contarle historias para que tome un bocado. La madre se convence a sí misma de que se trata de un niño espiritual, quizá destinado a ser un santo o un poeta, pero pronto llama al médico para que le prescriba alguna medicina. Estas enfermedades psíquicas hacen ganar una fortuna a los médicos de familia.

Uno de los hechos que hizo que nuestras primeras escuelas se volvieran famosas fue la desaparición de todos estos defectos de carácter, desaparición que se debió a una sola causa: los niños podían llevar a cabo con absoluta libertad sus experimentos sobre el entorno, y estas experiencias eran alimento para sus mentes, que habían estado hambrientas. Una vez que se había despertado en ellos algún tipo de interés, repetían ejercicios en torno a ese interés y pasaban de una concentración a otra. Cuando el niño ha alcanzado una fase en la que es capaz de concentrarse sobre un determinado tema y trabajar en él, los defectos desaparecen. El niño desordenado se vuelve ordenado; el pasivo, activo; el perturbador se pone a ayudar. De este modo, los defectos se revelan como características no reales, sino adquiridas; así que nuestro consejo para las madres es que den trabajo a los niños en alguna ocupación interesante, sin interrumpir nunca la actividad que ellos hayan iniciado. Ni la dulzura ni la severidad ni la medicina sirven para nada. Nosotros no nos ponemos sentimentales con el niño problemático ni lo llamamos estúpido; eso no ayuda en nada, porque lo que necesita es alimento mental. El hombre es, por naturaleza, un ser intelectual y necesita nutrimento mental, incluso más que físico. A diferencia de los animales, el ser humano debe construir su propio comportamiento a partir de su vida y sus experiencias; si se lo sitúa en el buen camino, todo irá bien.

12. La bestia negra de la disciplina

Se ha constatado que la educación moral consiste solo en el desarrollo del carácter, y que los defectos pueden desaparecer sin necesidad de sermones, castigos y sin que ni siquiera se dé un buen ejemplo por parte del adulto. No se necesitan amenazas ni promesas, sino condiciones de vida favorables.

Además de los dos grupos a los que ya hemos hecho referencia —los llamados buenos (o pasivos) y los traviesos—, la gente suele reconocer a un tercer tipo de niño, el que goza de una estupenda salud, tiene una imaginación vívida, es capaz de pasar de una actividad a otra y al cual sus padres consideran especialmente brillante —¡de hecho, superior!—. Lo que he constatado en mis escuelas es que todas esas características desaparecían en cuanto el niño se interesaba por un trabajo que atraía su atención. Los considerados buenos, los malos y los superiores se fundían por igual en un solo tipo de niño, que no conservaba ninguno de los rasgos anteriores. Esto demuestra que, hasta ahora, la gente no ha sido capaz de diferenciar bien entre los buenos y los malos, y que se equivocaba al juzgarlos. El carácter fundamental de la actividad infantil resulta ser la constancia en el trabajo y la espontaneidad en la elección de ese trabajo, sin la guía de ningún maestro. Siguiendo algún tipo de guía interior, cada niño se dedicaba a una labor diferente, que le daba alegría y paz. Y entonces apareció algo más, algo que nunca se había visto entre los niños: una disciplina espontánea. Esto impresionaba a los visitantes aún más de lo que les había sorprendido la explosión de la escritura: los niños iban de un lado a otro, buscando con libertad un trabajo, concentrándose cada uno de ellos en una tarea diferente, pero el grupo, en su conjunto, presentaba la apariencia de una disciplina perfecta. Así, quedaba resuelto el problema: para obtener disciplina, damos libertad. No es necesario que haya un adulto que ejerza de guía o mentor de la conducta; lo necesario es que este adulto le ofrezca al niño esas oportunidades de trabajo que, hasta ahora, se le habían negado.

Al principio, parecía imposible que un grupo de 40 niños pudiera estar en una habitación, trabajando tranquilamente sin la guía de una maestra —sobre todo, teniendo en cuenta que tenían entre tres y cinco años—. Los periódicos declararon que se trataba de un hecho maravilloso, si es que era cierto, pues parecía increíble. Los visitantes intentaban averiguar qué truco estaba utilizando, porque estaban seguros de que se trataba de un truco. Algunos incluso afirmaban que ese resultado se debía a mi magnetismo personal, o a alguna forma de hipnotismo, pero yo respondía: «¡Esto ha sucedido en Nueva York mientras yo estaba en Roma!». No se trataba de un fenómeno esporádico, sino que se estaba dando en todas nuestras escuelas, que se habían difundido por América, Nueva Zelanda, Francia e Inglaterra. Otros escépticos llegaron a la conclusión de que la maestra había preparado a los niños para que representaran esa escena delante de las visitas, o que dirigía a los pequeños con la mirada, expresando su aprobación o desaprobación. Pero las evidencias se iban acumulando en todos los países; un factor común era la extraordinaria disciplina de los niños «normalizados»: así llamábamos al tipo de alumno que se desarrollaba en nuestras escuelas, en comparación con los niños «desviados».

En mi primera Casa de los Niños, todos los pequeños provenían del mismo conventillo. Entre los incrédulos se contaba el embajador de la República Argentina, que casualmente se encontraba en Roma. Quería ver el establecimiento por sí mismo, y presentarse sin previo aviso, para que no se pudieran hacer preparativos de cara a su visita. Comunicó su intención a la hija del primer ministro de Italia, que prometió acompañarlo y no avisar a la escuela. Se les había olvidado de que era jueves, día no lectivo en las escuelas primarias italianas, por lo que el establecimiento estaba cerrado, pero un niño pequeño se acercó a ellos para preguntarles si querían algo. Tenía solo cuatro años; los niños pobres de esa edad no suelen dirigirse con tanta desenvoltura a unos extraños adinerados. Pero este pequeño se comportaba con gran naturalidad y, cuando le dijeron que querían ver la escuela y que lamentaban que estuviera cerrada, respondió: «¡Oh, no importa! El portero tiene la llave, y todos los niños viven aquí, así que puedo llamarlos». Para sorpresa de los visitantes, todos los alumnos acudieron, muy dispuestos, y se pusieron a trabajar con entusiasmo y en perfecto orden, aunque la maestra no estaba presente. El embajador declaró que era imposible probar un caso de manera más concluyente y se convirtió en un firme creyente del método.

Un episodio parecido tuvo lugar en la Feria Mundial de San Francisco, en el momento de la inauguración del canal de Panamá. Entre las exposiciones educativas, había una pequeña aula Montessori, con paredes de cristal, para que la gente pudiera observar desde fuera, sin molestar a los niños entrando y saliendo. La maestra, Helen Parkhurst,[23] cerraba la habitación con llave por la noche y le entregaba la llave a un conserje. Un día, este no apareció, porque

---

[23] La pedagoga estadounidense Helen Parkhurst (1887-1973) conoció en Roma a Maria Montessori y colaboró posteriormente con ella en Estados Unidos. En Dalton, impulsó el llamado Plan Dalton, una de las manifestaciones de la Escuela Nueva, caracterizada

había tenido un accidente; la gente esperaba fuera, al igual que los niños y su maestra. Al final, la señorita Parkhurst declaró «hoy no podemos entrar a trabajar», pero uno de los niños vio una ventana abierta y dijo: «Levántenos en brazos, entraremos por la ventana y nos pondremos a trabajar». El hueco era lo bastante grande como para permitir el paso de los niños, y la señorita Parkhurst replicó: «¡Eso puede valer para vosotros, pero yo no puedo entrar por esa ventana!». «No importa», fue la respuesta. «De todos modos, usted no trabaja. Puede sentarse fuera y mirar, como las demás personas.» Así fue cómo se superó la dificultad, y el método se apuntó una victoria inesperada.

Los niños pueden beneficiarse de la enseñanza moral solo a partir de los seis años porque, desde esa edad hasta los doce, la conciencia se despierta y el niño se interesa por los problemas del bien y del mal. Entre los doce y los dieciocho años, puede conseguirse un éxito aún mayor en este ámbito, ya que entonces se empiezan a sentir los ideales de religión y patriotismo.

Los problemas principales en lo concerniente a la educación del carácter son los de la voluntad y la obediencia; lo normal es que se tenga como objetivo doblegar la voluntad del niño, sustituyéndola por la voluntad del maestro y exigiéndole obediencia. Existe una gran confusión en lo relativo a este campo, y se necesitan algunas aclaraciones. Los estudios biológicos nos dicen que la voluntad del hombre es parte de una fuerza universal llamada *hormé*, que no es una fuerza física, sino una energía vital cósmica que forma parte de la evolución. La evolución está gobernada por leyes y está lejos de ser arbitraria o casual. Como expresión de esta fuerza, la voluntad del hombre tiene que plasmar su comportamiento y se vuelve

---

por su personalización de la enseñanza, centrada en las necesidades individuales del alumno. (N. de E.)

parcialmente consciente en el niño en cuanto este tiene que realizar una determinada acción, es decir, solo a través de la experiencia. Si se comporta de forma natural, el niño obedece esas leyes.

Es un error pensar que las acciones voluntarias de los niños son desordenadas y, a veces, violentas; tales acciones no son una expresión de la voluntad del niño, porque están fuera del campo de la *hormé*. Es como si confundiéramos las contorsiones de un hombre que sufre convulsiones con actos dictados por su voluntad. Si consideramos todos los movimientos desordenados del niño o del hombre como actos dictados por su voluntad, es natural pensar que, para convertirlo en una persona obediente, esa voluntad tiene que refrenarse o doblegarse. Un gran educador dijo: «La esencia de la educación se puede sintetizar en una sola palabra: obediencia». Siguiendo la lógica humana, habría que concluir que, si se consigue que un niño sea obediente, se le pueden enseñar todas las virtudes, y así se volverá, forzosamente, virtuoso. Pero, en ese orden de cosas, el vicio fundamental del niño sería la «desobediencia», así que el problema está lejos de resolverse.

Por suerte, no se trata de un problema insoluble. La voluntad del hombre no se expresa en el desorden o en la violencia: esa es la marca del sufrimiento, de la violación. Pero, mientras que romper la voluntad es un acto instantáneo, desarrollarla es un proceso largo, porque implica crecimiento, y depende de la ayuda del entorno.

Este largo proceso de desarrollar la voluntad puede compararse al de hilar; el hilo de la voluntad se va fortaleciendo si se desarrolla gracias a la actividad, en un campo de acción cada vez más amplio. Al asociar estas actividades con un objetivo central, como poner una mesa o servir la comida, el libre albedrío de los niños puede dirigirse continuamente hacia el mismo propósito. Así, obtenemos una sociedad en la cual la cohesión se logra a través de la voluntad, y no una que se cohesiona a través de la simpatía. Aquí la emoción no es lo primordial: la voluntad es la fuerza cohesiva y, como todos buscan —o quieren— lo mismo, se produce una asociación marcada por un comportamiento tranquilo: una visión maravillosa. Pero, antes de eso, la voluntad tiene que haberse desarrollado en cada niño.

Un hecho sorprendente que tuvo lugar en mi primera escuela aportó una nueva contribución práctica a mi método educativo: la lección del silencio. Entré en una clase de 45 niños concentrados en su trabajo; todos ellos habían desarrollado ya su voluntad. Yo llevaba en brazos a un bebé de cuatro meses, con las piernas bien envueltas en un paño, para que no pudiera moverlas, según una antigua costumbre italiana. Enseñándoselo a los niños, les dije: «¡Aquí tenéis a un visitante! Mirad qué quieto está; ¡estoy segura de que vosotros no podríais quedaros así de quietos!». Yo pensaba que mi broma les haría reír, pero todos se pusieron muy serios y, enseguida, juntaron los pies y se quedaron inmóviles. Creí que no habían entendido lo que quería decirles, así que proseguí: «Si pudierais sentir lo suavemente que respira... Vosotros no podéis respirar con tanta suavidad, porque vuestro pecho es más grande». Pensé que ahora sí se reirían, pero no lo hicieron. Seguían con los pies inmóviles e incluso se pusieron a controlar la respiración para que no hiciera ruido, mirándome todos con expresión seria. Entonces les dije: «Ahora voy a salir sin hacer ruido, pero el bebé será aún más silencioso que yo; no se moverá ni hará ningún sonido». Devolví el bebé a su madre y regresé junto a los niños; comprobé que seguían inmóviles y con expresión que parecía decir: «¿Lo ve? Usted ha hecho un poco de ruido, pero nosotros podemos ser tan silenciosos como ese bebé». Resulta que todos los niños tenían la misma voluntad; todos sentían el impulso de hacer lo mismo, y el resultado era una clase de 45 alumnos perfectamente quietos y silenciosos. La gente podría haberse preguntado cómo habíamos logrado una disciplina tan maravillosa, pero mi única intención había sido la de hacer reír a los niños. El mutismo era tal que dije «¡qué silencio!», y los niños también parecieron sentir su encanto, y siguieron quietos, controlando la respiración, hasta que empecé a percibir sonidos que no había oído antes, como el tictac del reloj, el agua que goteaba de un grifo exterior y el zumbido de las moscas. Este silencio fue motivo de gran alegría para los pequeños; a partir de este hecho, se desarrolló una característica de nuestras escuelas, que permitía medir la fuerza de voluntad de los niños: al ejercitarla, su voluntad se fortalecía y el período de silencio se alargaba. Pronto añadimos al ejercicio otro elemento: susurrábamos el nombre de cada alumno y, al oírlo, el niño en cuestión venía sin hacer ruido, mientras los demás permanecían callados y, como cada uno de ellos caminaba con sumo cuidado y muy despacio para no hacer ruido, el último alumno a quien llamábamos tenía que esperar mucho tiempo. Estos niños demostraron poseer un poder inhibitorio mucho más fuerte que el de la mayoría de los adultos; la voluntad y la inhibición son las facultades que permiten la obediencia.

Sin pretenderlo, yo había estimulado la primera experiencia del silencio al traer al bebé, pero no podía depender de la presencia de un visitante así, y quería volver a despertar el interés por ese ejercicio. Descubrí que la mejor manera de conseguirlo era preguntar: «¿Os gustaría hacer silencio?». Esto provocaba un gran entusiasmo, y aprendí que podía ordenarles estar en silencio y que me obedecieran. A este respecto, es interesante la experiencia de una maestra que ya llevaba diez años dedicada a la enseñanza. Se dio cuenta de que tenía que evitar dar instrucciones por anticipado, como «guardadlo todo antes de ir a casa esta tarde», porque los niños empezaban a actuar antes de que ella terminara la frase y su significado estuviera claro. Esa misma respuesta inmediata se producía con cada orden que ella daba, por lo que se sentía muy responsable cada vez que hablaba, a causa de esta reacción. Realmente, la obediencia es la última fase del desarrollo de la voluntad, por lo que solo es posible conseguirla tras haber completado ese desarrollo. Un buen maestro aprende escrupulosamente a evitar aprovecharse de la obediencia de los niños. Lo que un líder debe sentir es la responsabilidad, no la autoridad de su posición. A partir de los siete años, los niños buscarán a un líder así; antes de esa edad, siguen su instinto de cohesión social.

El desarrollo de la obediencia consta de tres pasos:

1. La capacidad fisiológica para realizar la tarea. Hasta que esta capacidad no se desarrolle, el niño puede obedecer hoy, pero negarse mañana, no por mala voluntad, sino debido a que esta etapa no ha llegado a su completo término.

2. La capacidad de obedecer siempre, automáticamente.

3. La forma más elevada de obediencia —muy rara en los adultos—, que consiste en mostrarse ansioso, deseoso y feliz de obedecer.

Si un niño sigue las órdenes de su maestro porque tiene miedo, o porque se está explotando su afecto, carece de voluntad propia, y una obediencia obtenida mediante la supresión de la voluntad es, en realidad, opresión. Este es el tipo de obediencia que suele obtenerse en las escuelas, pero la forma más refinada de disciplina es la de lograr la obediencia de las voluntades desarrolladas; esto se basa en una sociedad por cohesión, lo que representa el primer paso hacia la sociedad organizada.

La cohesión social puede compararse con la urdimbre de un tejido: los hilos de la personalidad se disponen uno al lado del otro y se fijan a algo para mantenerse ordenados. En nuestro caso, el entorno es el que fija los hilos de los niños; a partir de los seis años, otro hilo empieza a unir estos hilos separados, entretejiéndolos de un lado a otro para organizarlos. Una vez que se tejen, ya no necesitan soporte. Esto nos proporciona una visión del curso natural de la embriología social. Suele considerarse que la sociedad se basa en el Gobierno y en las leyes; los niños nos muestran que, ante todo, tiene que haber individuos con una voluntad desarrollada y, luego, algún tipo de llamada que los invite a unirse, como paso previo a cualquier tipo de organización. Primero, se necesita la fuerza de voluntad; luego, la cohesión a través del sentimiento y, por último, la cohesión a través de la voluntad.

13. Cómo debe ser una maestra Montessori

Con demasiada frecuencia el método Montessori se juzga de manera superficial, considerando que requiere poco por parte de la maestra, la cual debe abstenerse de interferir y dejar que los niños desarrollen su propia actividad. Pero, cuando se considera el material didáctico, su cantidad y el orden y los detalles de su presentación, se comprueba que la tarea docente es a la vez activa y compleja. No se puede decir que una maestra Montessori permanece inactiva, mientras que una maestra convencional hace lo contrario; resulta, más bien, que todas las actividades que hemos descrito se deben a la preparación activa y a la orientación de la maestra, y su posterior «inactividad» es un signo de su éxito, que demuestra que ha cumplido con éxito su tarea. Dichosos los docentes que han llevado a su clase a un punto en el que pueden decir: «Esté presente yo o no, la clase continúa. El grupo ha logrado su independencia». Para llegar a este éxito, la formación de la maestra debe seguir una línea determinada.

Una maestra convencional no puede transformarse en una maestra Montessori: hay que crearla de nuevo, después de liberarla de los prejuicios pedagógicos. El primer paso consiste en preparar la propia imaginación, ya que una maestra Montessori tiene que visualizar a un niño que aún no existe —materialmente hablando— y tener fe en el niño que se revelará a través del trabajo. Los diferentes tipos de caracteres desviados no hacen tambalear la fe de esta maestra, que ve con los ojos del espíritu a un tipo diferente de niño, y confía en que este nuevo ser se manifieste cuando se sienta atraído por un trabajo que estimule su interés. Esta maestra espera a que los niños muestren los primeros síntomas de su capacidad de concentración.

En este trabajo, hay tres fases de desarrollo:

1. Como guardiana y protectora del entorno, la maestra concentra su atención en las cosas, en lugar de preocuparse por las dificultades de los niños problemáticos, sabiendo que la cura vendrá del entorno. Es ahí donde se encuentra el centro de atención que polarizará la voluntad del niño. El material didáctico debe ser siempre atrayente, y estar limpio y en buen estado, sin que falte nada, para que al niño le parezca nuevo, y esté completo y listo para su uso. La maestra,[24] que forma parte del ambiente, tiene que ser atractiva, preferiblemente joven y guapa, vestida con buen gusto, perfumada y limpia, alegre, llena de gracia y dignidad. Este es el ideal, que no siempre puede alcanzarse, pero, al menos, cuando se dirija a los niños, la maestra debe tener presente que son «personas grandes», a quienes debe comprensión y respeto. La maestra debería estudiar sus propios movimientos, realizándolos de manera tan suave y elegante como sea posible, para que, de forma inconsciente, el niño la considere tan hermosa como a su madre, que es, naturalmente, su ideal de belleza.

2. En la segunda fase, la maestra entra en contacto con los niños, que aún están en un estado de desorden; hay que atraer sus mentes, que vagan sin rumbo, y llevarlas a concentrarse en un trabajo. La maestra tiene que ser convincente y puede utilizar cualquier dispositivo —excepto, por supuesto, el palo— para captar la atención de los niños. Puede hacer más o menos lo que quiera porque, hasta ahora, no perturba con su intervención nada importante: lo más necesario

[24] Maria Montessori describe aquí el modelo ideal de maestra característico de la época en la que escribió el libro, y que difiere de la realidad social actual. (N. de E.)

en este punto es hacer algo llamativo al sugerir las actividades. Hay que poner freno a los niños que insisten en molestar a los demás, ya que ese tipo de actividad no es de las que se exigen que su ciclo se complete.

3. Una vez que se ha suscitado el interés del niño —generalmente, con algún ejercicio de vida práctica—, ya que aún no se dan las condiciones necesarias para presentar el material, la maestra se retira a un segundo plano y debe abstenerse, por completo, de cualquier tipo de interferencia. En esta fase suelen cometerse errores como, por ejemplo, el de soltar una frase alentadora al pasar junto a un niño que, hasta ahora, estaba haciendo travesuras y que, al fin, se está concentrando en una tarea. Estos elogios bien intencionados bastan para causar el efecto contrario; el niño no volverá a centrarse en el trabajo durante semanas. Además, si el niño se encuentra en dificultad, la maestra no debe mostrarle cómo superarla; de hacerlo así, el niño perderá el interés: para él, lo fundamental es la conquista de esa dificultad, no la tarea en sí misma. Un niño que está levantando algo demasiado pesado para él no quiere ayuda; incluso el hecho de ver que la maestra lo está mirando suele ser suficiente para que deje de trabajar. En cuanto el niño empiece a concentrarse en su tarea, la maestra debe dejar de observarlo, como si el pequeño no existiera. O, al menos, el niño no debe ser consciente de que la maestra le está prestando atención. Incluso en el caso de que dos niños quieran el mismo material, les debe dejar que resuelvan el problema por sí mismos, a menos que acudan a ella a pedirle ayuda. Su deber se limita a seguir presentando material nuevo a medida que el niño agota las posibilidades del viejo. El alumno que se ha concentrado mucho en una tarea puede optar por mostrársela a la maestra, para obtener su aprobación; en este caso, ella le dirá de forma cordial y sincera: «¡Qué bonito!». El trabajo bien hecho hace que la maestra se alegre tanto como el niño.

Las maestras Montessori no están al servicio del cuerpo del niño, para lavarlo, vestirlo y alimentarlo: saben que él necesita hacer estas cosas por sí mismo para desarrollar su independencia. Tenemos que ayudar al niño a actuar por sí mismo, a querer por sí mismo, a pensar por sí mismo; este es el arte de quienes aspiran a servir al espíritu. La alegría más grande de la maestra es la de acoger las manifestaciones del espíritu, que se producen como recompensa a su fe. Así es como debería ser el niño: el trabajador infatigable, el alumno tranquilo que se emplea con el máximo esfuerzo, que trata de ayudar a los más débiles, sabiendo respetar la independencia de los demás; en otras palabras, el niño auténtico.

Así, nuestras maestras penetran en el secreto de la infancia y adquieren conocimientos muy superiores a los de los maestros convencionales, que solo se familiarizan con los hechos más superficiales de la vida de sus alumnos. Al conocer el secreto del niño, la maestra desarrolla un sentimiento de profundo amor hacia él; incluso, tal vez, puede llegar a comprender por primera vez qué es realmente el amor. Este sentimiento se encuentra a un nivel diferente respecto a ese amor personal que se expresa con caricias; la diferencia se debe, precisamente, a la acción de los niños, quienes, al revelar su espiritualidad, han conmovido profundamente a su maestra, llevándola a un nivel cuya existencia ella ni siquiera conocía; ahora, ella ha llegado a ese punto y es feliz. En el pasado, su felicidad quizá consistía en cobrar el mejor salario posible, y en hacer lo mínimo necesario para conseguirlo; también experimentaba cierta satisfacción al ejercer su poder e influencia, y su máxima aspiración era la de convertirse en directora o inspectora. Pero ninguna de estas cosas proporciona una verdadera felicidad, y fácilmente podemos olvidarnos de todas ellas a cambio de sentir esa felicidad espiritual, mucho mayor e intensa, que puede darnos el niño, porque «de ellos es el reino de los cielos».

Sobre el autor del epílogo

Lois Ferradás Blanco fue profesor titular de Didáctica y Organización Escolar en la Facultad de Ciencias de la Educación de la Universidad de Santiago de Compostela, de la que fue decano desde 2006 hasta 2014.

Descubrió el mundo de la educación infantil cuando entró a formar parte del equipo que, en 1977, puso en marcha el programa Preescolar na Casa, sobre el que versó también su tesis doctoral. En su docencia universitaria y en su investigación se ha ocupado, preferentemente, de temas relativos a la didáctica de la educación infantil y la educación familiar. Desde 2006, y a lo largo de varios años, asesoró al Consorcio Galego de Servizos de Igualdade e Benestar en la implantación de la red de escuelas infantiles (de cero a tres años). En los últimos años, ha colaborado con la Fondazione Montessori Italia, redescubriendo la figura de Maria Montessori y la actualidad de su propuesta educativa.

Epílogo

Maria Montessori y su obra

Lois Ferradás Blanco
Universidad de Santiago de Compostela

Maria Montessori es, junto a Decroly, una de las educadoras que tradujo con mayor acierto el ideario de la Escuela Nueva y Activa sistematizado por Ferrière, convirtiéndolo en una propuesta de intervención pedagógica. Su método, respetuoso con el crecimiento natural de la infancia, desarrolla, sobre todo, la educación sensorial en la escuela infantil.[25]

Notas biográficas (1870-1952)

Maria Montessori fue una educadora, científica, médica, filósofa, antropóloga, bióloga, psicóloga, católica practicante, feminista y humanista italiana. Su obra, fruto de una vida larga e intensa, aunque está escrita con un estilo claro y directo que recuerda al de sus

---

[25] Monés i Pujol-Busquets, J. (2000): «Maria Montessori: educación activa y sensorial», *Cuadernos de Pedagogía, Pedagogías del siglo XX*, Barcelona, CissPraxis Educación, p. 23.

conferencias, ha sido objeto de controversia, debido a los diversos planos o registros que utiliza y a las cambiantes y, a veces, dramáticas circunstancias en que fue concebida. En esta sencilla presentación no pretendemos desenmarañar la complicada madeja de la vida y la obra de esta mujer excepcional, pero sí ofrecer algunos datos que sirvan de marco, como hitos o asideros para quien se acerque por primera vez a estos escritos.

Maria Montessori nace en Chiaravalle (Ancona) el 31 de agosto de 1870. Es hija de Alessandro Montessori y de Renilde Stopani. Cuando Maria tiene cinco años, la familia Montessori se traslada a Roma, donde transcurre su infancia y su juventud. Después de cursar sus estudios secundarios en un instituto técnico y de diplomarse en Ciencias Naturales, en 1892 se incorpora a la Facultad de Medicina de la Universidad de Roma, donde tiene que superar diversas dificultades.

Durante este primer período universitario, Montessori se relaciona con personas muy importantes, como el investigador de antropología física Giuseppe Sergi,[26] el psicólogo y psiquiatra Sante de Sanctis[27] o Giuseppe Ferruccio Montesano, que trabaja con De Sanctis en la recuperación de niños con discapacidad. En 1896, se licencia en Medicina presentando una memoria de licenciatura sobre las alucinaciones. Poco después ingresa como médica ayudante en el

---

[26] Giuseppe Sergi convence a Maria Montessori de la necesidad de crear una «pedagogía científica», que solo podía asentarse en el conocimiento de la naturaleza biopsíquica de los niños, mediante su estudio biométrico, como se estaba haciendo en varios laboratorios de psicología experimental en Estados Unidos y en diversos lugares de Europa.

[27] Autor de reconocidos trabajos sobre el estudio de la atención y sus problemas, los niños con discapacidad y las pruebas de inteligencia, en 1899 fundó un asilo-escuela para niños con discapacidad. Fue uno de los fundadores de la psiquiatría infantil y del primer departamento de pediatría en Italia. Dirigió la publicación *L'infanzia anormale* [Claparède, É.: *Psychologie de l'enfant et pédagogie expérimentale*, Ginebra Kundig, 1916, p. 79].

hospital San Giovanni, mientras continúa con su investigación en la clínica psiquiátrica. En 1897 publica con De Sanctis y con Montesano unos artículos que mostraban los primeros resultados de este trabajo. Desarrolla interés por los niños con discapacidad, estudia los métodos que por entonces se estaban usando en Europa y dedica dos años completos a observar y educar a esos niños. Para ello, se guía especialmente por los libros de Itard y Séguin,[28] obras que estudia con profundidad en París, durante los años 1897 y 1898, y ordena fabricar abundante material didáctico, con cuya aplicación obtiene resultados sorprendentes.

Un mes después de licenciarse, la invitaron a representar a Italia en el Congreso Internacional por los Derechos de la Mujer en Berlín, donde defendió la igualdad de condición entre los sexos en lo referente a la formación, el trabajo y su remuneración. Sobre esto versará también su participación en otro congreso en Londres, en 1900.

En septiembre de 1898, Maria Montessori participó en el Congreso Pedagógico de Turín, donde dio una conferencia que tuvo gran resonancia, en la que abordaba la relación entre la medicina y la pedagogía, y proponía una educación específica dirigida a los niños con discapacidad. Desde 1899 se implica a fondo, dando numerosas conferencias con objeto de sensibilizar a la opinión pública sobre estos problemas. Comenzó en Milán con una intervención sobre la caridad moderna, en la que aparece el tema de la «mujer nueva».

---

[28] Durante el segundo tercio del siglo XIX, los médicos franceses Édouard Séguin y Gaspard Itard idearon programas de acción educativa para niños con discapacidad. Séguin, distinguiendo entre la educación motriz, la sensorial y la intelectual, elaboró materiales didácticos para examinar experimentalmente las diferencias de dimensión, peso y volumen de distintos objetos y, en 1848, publicó la obra *Traitement moral, hygiène et éducation des idiots et des autres enfants arriérés*, que se reeditó en inglés, con revisiones, en 1868. Itard, famoso por educar al niño de Aveyron, continuaría con esos estudios y con la creación de materiales didácticos específicos.

Ya se manifestaba desde hacía algún tiempo como defensora de la emancipación femenina y de los ideales de la paz, mostrando su interés por la política, aunque sin militar en ningún partido; después, en marzo de 1896, fue cofundadora y vicesecretaria de una asociación femenina en Roma y, en 1899, se hizo miembro de la Unión de Madres y continuó presentando la cuestión femenina en los foros internacionales, como el Congreso de Mujeres de Londres; en el año 1899, se documenta su adhesión a la Theosophical Society;[29] en el verano de 1899, entra en el comité directivo de la Liga Nacional para la Protección de los Niños Deficientes y, en 1900, asume la dirección de la Scuola Magistrale Ortofrenica,[30] puesta en marcha en Roma por iniciativa de la Liga, de la que nacería en el año siguiente el Instituto Médico-Pedagógico.

A raíz de sus observaciones, más profundas, en la Scuola, y de obtener resultados muy positivos, Montessori desarrolla el planteamiento de Séguin bajo una nueva perspectiva y la da a conocer en el II Congreso Pedagógico Italiano, celebrado en Nápoles en 1901. Aporta sugerencias sobre cómo clasificar las discapacidades en relación con los métodos especiales de educación.

Entre 1900 y 1906, da clases de Antropología e Higiene en el Instituto Superior de Magisterio Femenino de Roma. En esta época, profundiza en temas filosóficos, pedagógicos y antropológicos; en 1903, se inscribe en la Facultad de Filosofía y comienza una relación de colaboración académica muy importante con Giuseppe

[29] La Sociedad Teosófica, fundada en 1875 en Estados Unidos, fue un movimiento ecléctico occidental que, en su búsqueda del autodesarrollo espiritual y de la fraternidad universal, fundía creencias religiosas procedentes del cristianismo, del budismo y del hinduismo. Algunas destacadas figuras del movimiento internacional de la Escuela Nueva, como Ferrière y miss Ensor, estuvieron vinculadas al movimiento de la teosofía.

[30] Escuela de Magisterio Ortofrénica, para la formación del profesorado de los centros de educación especial.

Sergi. De 1904 a 1910, fue docente de Antropología[31] en la Facultad de Ciencias y también impartió clase en la Escuela Pedagógica de Roma. El fruto más significativo de este período fue el volumen *Antropología pedagógica,* publicado en Milán.

En 1906, el ingeniero Edoardo Talamo, presidente del Istituto Romano di Beni Stabili,[32] le pidió a Montessori que organizase un asilo infantil[33] con criterios modernos, para los hijos de los obreros residentes en las nuevas viviendas populares romanas, en particular, en al barrio de San Lorenzo. Así nacieron las primeras Case dei Bambini,[34] es decir, la experiencia educativa montessoriana. La primera abrió el 6 de enero de 1907 y la segunda, el 7 de abril de ese mismo año.

En mayo de 1908, Maria Montessori participa en el I Congreso de Mujeres Italianas, celebrado en Roma, y en el Congreso de la Actividad Práctica Femenina, en Milán, promovido por la Unión Femenina Nacional. Su presencia en Milán le facilitó entrar en contacto con la Sociedad Humanitaria, con cuyo patrocinio se llevó a cabo la creación de una Casa dei Bambini en el barrio milanés de casas para obreros, en la Via Solari, dirigida por Anna Maria

[31] En la antropología pedagógica, se estudiaban la estructura y la evolución físico-psíquica humana, en particular la infantil, en su relación con la adquisición de conocimientos, con el objetivo de perfeccionar los procesos pedagógicos. Esta rama de estudio fue una gran deudora de la antropología físico-biológica.

[32] El Instituto Romano de la Vivienda, que pretendía desarrollar programas de construcción y de restauración de edificios para viviendas de las clases populares.

[33] La denominación de «asilo» debe entenderse como «casa» o «centro de acogida»; en Europa, es la denominación tradicional para las escuelas infantiles, aparte de la más conocida de *Kindergarten.*

[34] Las Casas de los Niños, por su intención de aproximarse, en cuanto a la organización del espacio y el mobiliario, a los deseables y acogedores hogares familiares.

Maccheroni, quien, desde 1906, era fiel discípula de Montessori. En esta época, Montessori entra completamente en el ámbito modernista y filomodernista apoyada, por ejemplo, por Leopoldo Franchetti[35] y Alice Hallgarten, que la animan a escribir un libro sobre su método, titulado *Il metodo della pedagogia scientifica applicato all'educazione infantile nelle case dei bambini* (1909), y financian su edición.

El libro del método, que llegaría a cosechar un enorme y duradero éxito a nivel mundial, parte de la educación sensorial, utilizando un material estructurado y con él se pretende un desarrollo armónico y una educación intelectual. Montessori, que siempre tenía presente el triste espectáculo del maestro que intentaba introducir conocimientos en la cabeza de los alumnos con base en premios y castigos, hace aquí una propuesta fuerte y clara desde una perspectiva de libertad radical.

En el año 1909, para acoger a numerosos niños huérfanos a raíz del terremoto de Mesina y Regio de Calabria, se abría otra Casa dei Bambini en Roma, en la Via Christi, por parte de las Misioneras Franciscanas de María, en la que se introdujeron las actividades de la vida práctica. En 1910, tras un conflicto con Edoardo Talamo, Montessori reconoce esta Casa dei Bambini como la única montessoriana de Roma y se retira de San Lorenzo. También en 1910, el método se introduce en la escuela elemental de Montesca;[36] así, el enfoque pedagógico de Montessori alcanzaba un mayor desarrollo, pasando de las escuelas infantiles a las primarias.

---

[35] Político liberal-conservador, positivista en el ámbito científico, preocupado por la cuestión social y filántropo.

[36] Creada en 1901 en Città di Castello (Perugia) por el matrimonio Franchetti-Hallgarten, para los hijos de los campesinos que trabajaban en sus tierras. Era una escuela donde se incidía en el estudio de la naturaleza; desde 1910, fue una escuela Montessori, y está considerada como la primera Escuela Nueva creada en Italia.

La estadounidense Alice Hallgarten-Franchetti, que se identificaba plenamente con la pedagogía de la libertad de Montessori expresada en el libro del método, apoya su difusión en Estados Unidos. Como consecuencia, muchos educadores americanos viajaron a Italia para visitar las Case dei Bambini y, al volver a su país, promovieron escuelas montessorianas. Así, durante 1911, Montessori aparece en la prensa estadounidense y, en 1913, el año en que se celebró el I Curso Internacional Montessori en Roma, se tradujo *El método Montessori* al inglés con éxito extraordinario de difusión.

En 1913 Montessori dirige en Roma el I Curso Internacional sobre su método, en el cual participan profesoras-alumnas estadounidenses y de otras 17 nacionalidades, y que marca el nacimiento del movimiento montessoriano. Por invitación de uno de los más famosos periodistas americanos, Montessori da al final de este año una serie de conferencias en Estados Unidos, con proyecciones cinematográficas sobre las Case dei Bambini. Obtiene un gran éxito de público y establece una considerable red de relaciones. Con posterioridad, estos éxitos disminuyen a causa de las críticas provenientes de la propuesta de «educación progresista» formulada por John Dewey y, aún más si cabe, por William Kilpatrick, quien denunciaba que en esta pedagogía había un enfoque individualista que no favorecía la socialización del niño.[37]

---

[37] El filósofo y educador John Dewey (1859-1952) creó una teoría educativa en la cual la experiencia y el conocimiento se reclaman mutuamente. Se asentaba sobre los principios de la experiencia y de la actividad, dado que el conocimiento deriva de la experiencia del niño, como motor del aprendizaje, y sobre el principio de la utilidad, ya que la adquisición de conocimientos debe subordinarse a la resolución de problemas de la vida real, lo que trae consigo un currículo centrado en proyectos interdisciplinares. Además de las experiencias pedagógico-didácticas que llevó a cabo, escribió textos como *Mi credo pedagógico* (1897), *Las escuelas de mañana* (1915) o *Democracia y educación* (1916). Coincidía con el psicólogo ginebrino Édouard Claparède, al sostener que la metodología montessoriana no respondía adecuadamente a las exigencias de una concepción funcional y social de

En los años siguientes, el libro del método se tradujo a 36 lenguas, se publicó en 58 países y se crearon sociedades y revistas para apoyar y difundir esta pedagogía. Mientras se produce este éxito internacional, la aceptación en Italia fue, sin duda, mucho menor. Pero, aunque no le faltaron las críticas, también tuvo simpatizantes, especialmente en los ambientes católicos democráticos. En España corre una suerte parecida. A partir de 1911, se empieza a informar sobre esta pedagogía en Cataluña y en 1912 la *Revista de Educación*, dirigida por el pedagogo Eladi Homs da a conocer una serie de artículos sobre Montessori y su método.[38] Un año después, la Diputació de Barcelona, bajo el dominio de la Lliga Regionalista catalana de Prat de la Riva, creó el Consell de Pedagogia, del que Eladi Homs sería su secretario, dándose cita en él varias personalidades de la educación, entre ellas Alexandre Galí, Joan Bardina, Palau i Vera y el propio Eladi Homs. Este realizó las primeras gestiones a fin de que se iniciase la metodología Montessori a modo de escuela modelo en la Casa Provincial de Maternitat i Expòsits de Barcelona. A tales efectos, Joan Palau viajó a Roma a fin de asesorarse. En 1914, la Diputació y el Ajuntament becaron a seis profesoras para participar en el Curso Internacional que Montessori daba en Roma. Y un año más tarde, la Diputació creaba la Casa dels Nens, al tiempo que se impartía formación sobre el método por primera vez en las Escoles d'Estiu de la Mancomunitat de Cataluña. En este clima propicio, Anna Maccheroni, considerada la mano derecha de Montessori, se traslada a Barcelona para dirigir, por invitación de

---

la educación. Kilpatrick, ligado a Dewey, publicó en 1914 el libro *The Montessori System Examined*, en el cual, pese a todo, se mostró favorable a los ejercicios montessorianos de la vida práctica.

[38] En relación con las referencias sobre su presencia en Cataluña es oportuno examinar la más reciente y analítica contribución realizada en 2023 por Daniel Cañigueral, que incorpora la historiografía previa existente, en https://es.scribd.com/document/689401895/La-historia-de-Maria-Montessori-en-Barcelona-Dani-Canigueral-Vinals.

la Diputació, Casa dels Nens y se edita en Barcelona la traducción al castellano de *Il metodo della pedagogia scientifica applicato all'educazione infantile*. La propia Montessori también se establece en esta ciudad, aunque hace viajes frecuentes a Italia, a Inglaterra y a Estados Unidos en los años siguientes. En 1916 publica en Roma un comprometido libro en el que contempla una aplicación de su método más allá de la escuela infantil: *L'autoeducazione nelle scuole elementari;* al mismo tiempo, buscaba la mejor aplicación de su método a la educación religiosa católica.

En este año, en que se celebra el III Curso Internacional en Barcelona, se extiende la presencia de escuelas montessorianas en Cataluña, con la formación de otras profesoras y aún en 1917 la misma Diputació de Barcelona crea una Cátedra de Pedagogía, que será dirigida por Maria Montessori, en el naciente Laboratori i Seminari de Pedagogia. En 1920, el Consell de Pedagogia con sus creaciones pasó a ser un organismo de la Mancomunitat. Aunque las escuelas montessorianas serían suprimidas como tales en el tiempo de la Dictadura de Primo de Rivera, su actividad se mantendría, refugiada bajo el patronato de la Mutua Escolar Blanquerna hasta 1939. Ente tanto, a partir de 1931 volvía a extenderse el número de escuelas montessorianas en Cataluña, de nuevo adormecidas durante casi un par de décadas a partir de 1939.

En la segunda mitad de los años veinte del siglo XX, Montessori esperaba que la modernidad de su método alcanzase una consagración nacional en Italia y que recibiese el apoyo de los católicos y los fascistas, después de que la tercera edición de *El método Montessori* aceptara de hecho muchas observaciones formuladas en 1919 por *La Civiltà Cattolica*, la revista jesuita semioficial de la Santa Sede. Al principio, el régimen fascista parecía apoyar las teorías de Montessori; Gentile y Lombardo Radice manifestaron su apoyo;[39] el propio Mussolini, a resultas de una carta de Mario, el hijo de Maria Montessori, tuvo noticia de la difusión del método en el extranjero y, en 1924, aseguró el apoyo a su creadora. Gentile presidió el Comité por el Método Montessori y dio un impulso definitivo al nacimiento de la Opera Nazionale Montessori y a su constitución como *ente morale* con personalidad jurídica sin afán de lucro; la propia reina Margarita fue la madrina, Gentile el presidente y Maria Montessori, la presidenta de honor. Se puso en práctica un amplio compromiso, que se tradujo en la publicación de libros, la apertura de nuevas escuelas, la fabricación de material montessoriano y la organización de cursos para educadores. No cabe duda de que el apoyo fascista fue importante. Así, en el primero de los cursos de formación organizado en Milán en 1926, aparece Mussolini como presidente de honor del Comité y, en 1928, se funda en Roma la Regia Scuola Magistrale di Metodo Montessori.

Sin embargo, comenzaba a crearse cierta tensión, pues las voces más nacionalistas manifestaban cierto fastidio por el universalismo propugnado por Montessori y deseaban un montessorianismo sin ella. Mientras tanto, gracias al decidido empeño personal de Mario Montessori, en 1929 se funda la Montessori Association Internationale (AMI), con sede en Roma, que obtiene el claro apoyo de Sigmund Freud, Jean Piaget y Rabindranath Tagore. En 1930 y 1931 se celebraron en Roma, aún con el apoyo entusiasta de la prensa del régimen, los cursos internacionales para formar a educadores capaces de aplicar el método. Pero aparecían algunas dificultades

[39] Nos referimos al filósofo idealista neohegeliano Giovanni Gentile y al pedagogo Lombardo Radice. El idealismo de Gentile se orientaba hacia el idealismo estadista, lo que abría la puerta al totalitarismo nacional, pero también contemplaba la cultura de la sensibilidad. Desde esa teoría, y por intermediación del pedagogo Lombardo Radice, la obra de Montessori se acogió oficialmente mientras Gentile fue ministro de Mussolini, entre 1922 y 1924.

entre los católicos, ya que el papa Pío XI, con su encíclica *Divini illius Magistri*, auspiciaba una corriente pedagógica muy tradicional,[40] criticando expresamente el naturalismo[41] y, sin nombrarlo, cierta lectura del montessorianismo.

La fuerte apuesta por la libertad y la clara orientación universalista y pacifista, que constituyen los ejes fundamentales de la pedagogía montessoriana, no tardarán en manifestar sus contradicciones insuperables con los principios nacionalistas, totalitarios y disciplinarios de la educación fascista. Por eso, a principios de 1933, Maria Montessori y su hijo se retiran de la Opera Nazionale Montessori y, después, abandonan la dirección de la Regia Scuola di Metodo y solicitan que, a partir de entonces, esta escuela deje de llevar su nombre. En 1934, el Congreso Internacional montessoriano fue suspendido, y Maria Montessori y su hijo abandonan Italia y se trasladan a Barcelona. Ahí publica, ese mismo año, los libros *Psicoaritmética* y *Psicogeometría*, fruto de su experiencia en la Scuola di Metodo de Roma.

El régimen fascista asume entonces como propia la singular experiencia de educación infantil que las hermanas Agazzi[42] estaban desarrollando en Brescia, y que coincidía solo parcialmente con la montessoriana; concordaba mejor con la pedagogía de orden que

---

[40] Frente a la anterior posición favorable del papa Pío X.

[41] El naturalismo, con raíces en Rousseau, favorecía la razón biológica y el sensualismo psicológico y distanciaba el desarrollo humano de la perspectiva espiritualista escolástica: la educación debe inspirarse en la naturaleza y en las leyes del desarrollo infantil, al margen de consideraciones metafísicas.

[42] En 1894, las hermanas Rosa y Carolina Agazzi crearon en Mompiano (Brescia) un jardín de infancia con métodos renovados: favorecían la actividad infantil mediante ejercicios prácticos tendentes a educar los sentidos y a enriquecer las impresiones sensoriales, sin esa cierta rigidez e intelectualización presentes en las escuelas montessorianas y, además, prestaban atención al canto y al dibujo espontáneo.

la pedagogía de libertad de Maria Montessori, cuyas escuelas, además, fueron clausuradas. En 1936, el ministro Cesare M. de Vecchi suprime también la Regia Scuola di Metodo. Poco después, el ministro Giuseppe Bottai define el método Agazzi como el «método italiano».

Mientras tanto, en 1935, la sede central de la Montessori Association Internationale se traslada a Ámsterdam. Además, el inicio de la Guerra Civil en España obliga a la familia Montessori a mudarse a Inglaterra en 1936. Después, se establecen en Holanda; desde 1923, se fundan en el país escuelas montessorianas, tanto laicas como católicas. En 1937, Montessori se encuentra allí con George Sydney Arundale, presidente de la Sociedad Teosófica, quien le habla de la aceptación que está teniendo el montessorianismo en la India.

En 1939, Maria Montessori dio algunas conferencias en Londres, que se recogieron en el libro *Dall'infanzia all'adolescenza*, en las que empezaba a reflexionar sobre el plano cósmico. Responde a la llamada de la India y viaja hasta allí en 1939, junto a Mario, para dirigir un curso para profesores; allí se reencuentra con Gandhi, a quien ya había tratado en Londres. El inicio de la Segunda Guerra Mundial la retiene en la India; pese a algunas dificultades con las autoridades británicas, Montessori dirige sus observaciones e investigaciones desde la Escuela de Formación del Profesorado creada por ella, centrándose en particular en el desarrollo de los neonatos y en la mente del niño. Las reflexiones de este período, centradas en una educación cósmica, desembocaron en el libro *To Educate the Human Potential.* La doctora regresó a Holanda en 1946, pero volvió a la India en varias ocasiones.

En 1947, concluido el período fascista, vuelve a Italia para reorganizar la Opera Nazionale Montessori y reabrir las escuelas montessorianas. Funda también en Perugia el Centro Internazionale di Studi Pedagogici. Pero no se trasladó a Italia, sino que mantuvo su residencia principal en Ámsterdam y siguió viajando por diversas partes del mundo. Tenía una gran notoriedad y fue candidata al Premio Nobel de la Paz. Fallece el 6 de mayo de 1952 en Noordwijk aan Zee (Holanda). Pidió que su epitafio fuese el siguiente: «Io prego i cari bambini, che possono tutto, di unirsi a me per la costruzione della pace negli uomini e nel mondo».[43]

Influencias en España

En 1911, la revista *Feminal* de Barcelona publicó la primera referencia a Montessori en España; en 1912, la *Revista de Educación* (número 7), dirigida por Joan Bardina, publicó un extenso artículo explicando el método. Leonor Serrano señaló en *El método Montessori*[44] que «en Castellón, en el verano de 1913, nos vimos precisados a improvisar una escuela Montessori con una veintena de párvulos», además de informar de que Juan Palau Vera había sido subvencionado por el Ayuntamiento de Barcelona, a finales de 1913, para estudiar la metodología Montessori en Roma. Después, este pedagogo, que será el fundador de la Escuela Nueva Mont d'Or, dirigió la primera escuela Montessori en la Casa de la Maternidad de Barcelona, inaugurada en 1914. Ese mismo año viajaron a Roma siete profesoras de Cataluña, entre ellas la inspectora Leonor Serrano, para asistir al II Curso Internacional Montessori, de lo cual informaron a través de varias conferencias en la primera Escola d'Estiu, convocada en 1914 por la Mancomunitat de Catalunya; además, la misma Leonor Serrano publicó un libro-informe en 1915. Asimismo, es conveniente señalar que Maria Montessori, desde 1917 y hasta el inicio de la dictadura de Primo de Rivera, dirigió en Barcelona una Cátedra de

---

[43] «Ruego a los queridos niños, que todo lo pueden, que se unan a mí en la construcción de la paz en los hombres y en el mundo».

[44] Madrid, Publicaciones de la Revista de Pedagogía, 2.ª ed., 1932.

Pedagogía del Consell d'Investigació Pedagògica de la diputación, que se convertiría en el Laboratorio y Seminario de Psicología Experimental de la Mancomunitat de Catalunya. Terminada la dictadura, Maria Montessori volvería a establecerse en Barcelona donde, en 1932, se constituye la Asociación Española Montessoriana y, en 1933, se celebra el XVIII Curso Internacional Montessori, con la presencia de 200 educadoras, 120 de las cuales pertenecían a Cataluña. Para entonces, había en la ciudad 13 escuelas montessorianas; otras 22 en toda Cataluña, fuera de Barcelona, y más de 20 en otros lugares de España. En 1935, Montessori recibirá un importante homenaje en Barcelona.

Tras la Guerra Civil, la metodología Montessori se consideró con desapego hasta bien entrados los años sesenta, y aún tendría que pasar otra década para ver crecer de nuevo el número de estas aulas de educación infantil, mientras que buena parte del material didáctico montessoriano o de inspiración montessoriana fue incrementando progresivamente su presencia en las aulas de educación infantil.

En distintos lugares de la geografía española, y más allá de Cataluña, se llevaron a cabo experiencias guiadas por esta pedagogía. Así, por ejemplo, en A Coruña, la profesora coruñesa María Barbeito y Cerviño (1880-1970), excepcional pedagoga, renovadora y directora de las escuelas públicas Da Guarda, fue una de las pioneras. En 1914, casi al mismo tiempo que Barcelona, solicitó al Ayuntamiento coruñés una ayuda económica, que le fue concedida, para poder importar de Italia una colección completa del material educativo montessoriano y, en 1915, también realizó las obras oportunas para acondicionar una de las clases, que pronto se convirtió en un observatorio para otras maestras que querían información sobre el método y los materiales.[45]

[45] Romero Masiá, A.: *María Barbeito. Unha vida ao servizo da escola e dos escolares (1880-1970)* (prólogo de Antón Costa Rico), A Coruña, Bahía, 2014, pp. 46 y ss.

Esta misma profesora escribiría en un texto de 1935: «Dada mi admiración especial por Montessori como método, lo adopté cuando solo una aplicación de él se había hecho en España».[46]

Principios básicos y vigencia de la pedagogía Montessori

A partir de su primer libro fundamental, *Il metodo della pedagogia scientifica*, Maria Montessori delimita tres partes generales: el desarrollo de la función motriz, la educación de los órganos sensoriales y el desarrollo del lenguaje. Y elabora, en correlación con ellas, un denso y amplio material didáctico diversificado[47] (para reproducir los actos de la vida cotidiana en la escuela, para ejercitar y desarrollar los sentidos y para aprender los mecanismos de la escritura y la lectura, así como de otros conocimientos como las matemáticas, empezando por los movimientos de preaprendizaje). Podemos entender su pedagogía como una ayuda para la vida y resumirla en las siguientes ideas principales:

- El niño tiene en sí mismo un impulso natural irresistible: la tendencia a crecer. Es agente activo de su propia educación, por medio de la autoactividad, y tiene necesidades e intereses específicos.

- En las Casas de los Niños, el ambiente material está concebido, preparado y delimitado para cada etapa del desarrollo,[48] de manera que se permita al niño acceder a una actividad autónoma.

[46] Barbeito y Cerviño, M.ª: *Países y escuelas*, A Coruña, Moret, 1975, p. 217.

[47] Para favorecer el trabajo individual, manipulable autónomamente y autocorrectivo.

[48] En sus textos, están presentes las bases biopsicológicas del método —teniendo consciencia de la relación íntima que existe entre la vida vegetativa y la nerviosa— y la indicación de la existencia de «períodos sensibles» propicios para el desarrollo de determinadas capacidades y facultades, a través de intereses y necesidades que generan la atención, como condición para una más intensa observación (Montessori habla de la «mente absorbente»).

- La manera en la que respondamos a las necesidades psíquicas e intelectuales determina el desarrollo del niño; la toma de conciencia de sí mismo; la construcción de su personalidad; la forma de comprender los acontecimientos, de modelar sus actitudes futuras de cara a la vida; la formación de la inteligencia, y la elaboración de su sentido social.

- El niño posee una mente absorbente, una forma de inteligencia particular, propia de la primera infancia: la facultad de absorber todo lo que lo rodea y de construir su personalidad con lo que le ofrece o le niega el entorno.

- Las manifestaciones externas de esta facultad son unas sensibilidades particulares y temporales, llamadas «períodos sensibles». Cada período sensible permite al niño relacionarse con un aspecto particular de su entorno; durante este período, las adquisiciones se realizan con entusiasmo. Una vez que el carácter se ha desarrollado, esta sensibilidad cesa, por lo que es muy importante que el ambiente ofrezca en el momento apropiado los medios para desarrollarse.

- La respuesta educativa al espíritu absorbente del niño consiste en una ayuda indirecta, a través de la preparación de un ambiente adaptado a la estatura y la fuerza del niño, que lo invite a la autoactividad, poniendo a su disposición material de desarrollo. El niño puede entonces elegir sus actividades siguiendo una motivación interna, profunda, que corresponde a sus períodos sensibles.

- Como no todos los niños tienen las mismas necesidades ni están en el mismo momento, poner a su alcance material que puedan elegir y utilizar durante el tiempo que deseen permite satisfacer sus intereses durante el tiempo necesario para construir la inteligencia según el ritmo propio de cada niño.

- Gracias a la posibilidad de autocorrección que ofrece el material Montessori, el niño, a través del ejercicio y de la observación, focaliza su atención y desarrolla poco a poco su capacidad de concentración.

- El educador interviene con precisión y discreción, adaptando su actitud de manera cada vez más fina al niño y al grupo; establece un clima de confianza, alegría y libertad. Poco a poco, el niño va adquiriendo confianza en sí mismo y se adapta cada vez mejor a su ambiente y, después, experimenta la capacidad de actuar positivamente sobre él.

- Para permitir este desarrollo armonioso, es importante que los niños que están pasando por las mismas etapas fundamentales estén reunidos en un mismo espacio. En las Casas de los Niños y en las clases elementales, los niños están reunidos en grupos de tres años: de tres a seis años, de seis a nueve años y de nueve a doce años. La convivencia favorece la ayuda, el respeto mutuo y los intercambios entre los niños. Esta comunidad infantil experimenta la vida social y pone las bases para construir una vida social futura bien entendida.

- La educación considerada como una ayuda a la vida lleva a una educación para una vida social armoniosa y sienta las bases de una sociedad futura consciente y responsable, capaz de vivir en paz.

En la actualidad, las escuelas de orientación montessoriana están repartidas por todo el mundo. Este enfoque o método se utiliza en miles de escuelas ubicadas en todos los continentes; solo en Estados Unidos, hay más de cinco mil escuelas montessorianas, de las cuales más de cuatrocientas son públicas. En Italia, existen escuelas públicas y privadas que siguen programas montessorianos. En España, hay solo unas pocas, básicamente privadas. En estudios recientes, se afirma que, en el mundo, hay más de veintidós mil escuelas o colegios montessorianos.

A pesar de esta exitosa expansión, en nuestros días sigue habiendo cierta prevención o escepticismo, que parte de los investigadores y académicos han manifestado siempre con respecto a esta pedagogía.[49] Son muchos quienes piensan que, a pesar de la genialidad de su creadora, el modelo Montessori necesita una investigación apoyada en una recopilación sistemática de datos que la refrenden o la refuten.

Siguiendo a Angeline Lillard,[50] vamos a confrontar el enfoque montessoriano con algunas de las afirmaciones o principios que conforman las bases comúnmente aceptadas de la pedagogía actual, bien asentadas en la investigación psicopedagógica.

La primera afirmación bien fundamentada en la pedagogía contemporánea podría ser la de que el movimiento y el conocimiento, específicamente en las etapas de la infancia y la adolescencia, están estrechamente entrelazados y que el movimiento puede mejorar el pensamiento y el aprendizaje. Pues bien, podemos decir que esta fue la primera gran transformación montessoriana. Los objetos y los materiales diseñados por Montessori se construyen para facilitar su manipulación; los niños pueden sentarse en las sillas, pero tam-

---

[49] Algunos porque consideran que ese enfoque educativo favorece el desarrollo del ser biológico más que su ajuste e integración social. Otros han señalado como elementos defectuosos la falta de uso de objetos concretos de la vida real, el exceso de metodismo o los procedimientos preadaptados. En otros casos, porque Montessori, según L. Filho, partía de la psicología asociacionista, ligeramente modificada por la filosofía vitalista bergsoniana, según la cual el espíritu se formaría de fuera hacia dentro, por medio de estímulos externos determinados; es decir, a partir de las sensaciones, lo que conduciría a una concepción analítica de la didáctica y a una formación atomística de la inteligencia siendo, en este sentido, una continuadora de Fröbel, en contradicción con el principio de la libertad y de la actividad, sus puntos de partida. Filho, L. (circa 1960): *Introdução ao estudo da Escola Nova*, São Paulo, Melhoramentos, 7.ª ed., pp. 177-182.

[50] Lillard, A. S.: *Montessori. The Science Behind the Genius*, Nueva York, Oxford University Press, 2005.

bién en el suelo y en la alfombra, y aprenden manipulando objetos como letras, números, figuras, tablas, etcétera.

Un segundo fundamento de la pedagogía contemporánea es que el aprendizaje y el bienestar mejoran si las personas sienten que tienen el control sobre su propia vida. En las escuelas montessorianas, el niño es libre de elegir cómo emplea su tiempo y tiene a su disposición una serie de cosas que hacer, que le facilitan ser constructivo. Esta conexión entre ambientes ricos en cosas que hacer y el interés del niño en hacer algo específico mejora la eficiencia del aprendizaje y estimula la curiosidad infantil, que Maria Montessori consideraba un aspecto crucial en el desarrollo de la personalidad.

Un tercer principio básico es que las personas aprenden mejor cuando están interesadas en lo que están aprendiendo. En las escuelas montessorianas, se da mucha importancia a la motivación intrínseca para hacer las cosas. El material utilizado en las Case dei Bambini se creó para despertar ese interés; en la actualidad, en estas escuelas se mantienen muy atentos para seguir las tendencias de los niños con vistas a sus propios intereses, con la finalidad de educarlos mediante lo que a ellos les gusta. Cabe pensar que utilizar su interés como motivador para la educación probablemente proporcione al niño un sentimiento de autosuficiencia que lo ayudará en diferentes situaciones de la vida.

La cuarta afirmación podemos formularla así: existe un impacto negativo en la motivación para implicarse en una actividad cuando depende de recompensas extrínsecas. En la educación montessoriana, se rechazan los premios y los castigos como motivadores externos del aprendizaje. En este sentido, todos los juegos creados por Maria Montessori tienen una finalidad en sí mismos; la motivación para hacer cosas radica en autoeducarse y autocorregirse con afán y de forma persistente. La investigación psicológica contemporánea tiende a demostrar que los comportamientos motivados por el interés interno son los que favorecen un mayor bienestar psicológico.

El quinto fundamento consiste en afirmar que los acuerdos de colaboración pueden facilitar el aprendizaje. Aunque la escuela montessoriana ha sido calificada de individualista, algunos elementos de la educación en grupo caracterizan el método desde sus inicios, como la comida en común, la atribución de roles y la colaboración, muy valorada por Maria Montessori. Las clases en común de edades mezcladas satisfacen esta exigencia de socialización y de aprendizaje a través de la comparación y la imitación de los compañeros. La investigación psicológica de las últimas décadas ha puesto de manifiesto que la comparación con los pares y la imitación constituyen potentes mecanismos de aprendizaje.

El sexto principio es que el aprendizaje en contextos significativos tiende a ser más profundo y rico que el aprendizaje en contextos abstractos. Ya desde el principio, Montessori creó las Case dei Bambini como lugares con objetos a medida del niño y fabricados con base en su interés; en ellas abundan los materiales útiles para la educación en todas las materias.[51] Muchos experimentos psicológicos han confirmado la superioridad del aprendizaje influido por el contexto sobre el descontextualizado.

La séptima afirmación tiene que ver con el modo de interacción entre el adulto y el niño. Hoy se sabe que los resultados del aprendizaje

---

[51] Tomando en consideración la diversidad en la educación sensorial (sentido visual, cutáneo, cromático, táctil, bárico, térmico, estereognóstico, auditivo, musical, gustativo y olfativo), elaboró una amplia gama de materiales didácticos analíticos y abstractos —bajo la forma de síntesis o llave de conocimiento—, que permiten ir desde lo simple a lo complejo, descomponer el aprendizaje y percibir las dimensiones, formas, colores o sonidos. Estos materiales se distribuyen en rincones específicos en las Casas de los Niños, disponiéndose según el modo en que se utilizan, y colocados en muebles adecuados, tan cuidados como las mesas y las sillas de los niños.

están asociados a determinadas formas de esta interacción. Una de las particularidades del método Montessori es la actitud de la maestra que, como observadora no intrusiva, secunda la tendencia a aprender natural del niño. Esta actitud del adulto, de respeto a las potencialidades, es uno de los componentes más originales del enfoque montessoriano, completamente diferente al rol clásico del maestro.

Para finalizar, el octavo fundamento, según la propuesta de Lillard, es la idea de que un ambiente ordenado es beneficioso para los niños. La clase montessoriana está organizada de manera lógica, se respeta en todo el progreso evolutivo del niño y se va de lo más simple a lo más complejo;[52] así pues, el concepto de «libertad» está estrechamente armonizado con el concepto de «orden». El niño que elige cómo organizar su trabajo va siendo guiado gradualmente en el uso del material montessoriano.

Para completar esta argumentación sobre la vigencia de la pedagogía Montessori, quisiera mencionar ahora algunas investigaciones empíricas donde se compara este método con otros métodos pedagógicos. En una de ellas, el llamado Cincinnati Montessori Research Project,[53] que empezó en 1965, se compararon resultados de niños de escuelas montessorianas con niños de escuelas no montessorianas, y se vio que los niños de las clases Montessori siempre obtenían mejores resultados que los de las otras clases en curiosidad, conducta exploratoria, creatividad, control de impulsos motores y atención.

---

[52] A raíz de los estudios psicológicos, se han introducido matices en la corrección supuesta y constante de este proceder. Hay que señalar, en todo caso, que Montessori llegó a aceptar la globalización del método Decroly y tuvo en cuenta la psicología de la Gestalt a partir de la publicación de *Il segreto dell'infanzia* en 1936.

[53] Tornar, C.: *Attualità scientifica della pedagogia di Maria Montessori*, Roma, Anicia, 1990.

En otro estudio publicado en 1973, en el que se analizan las intervenciones sociales de niños en edad preescolar, comparando los resultados de tres guarderías montessorianas con otras, se mostró que los niños de las guarderías Montessori tenían un nivel más alto de interacciones entre pares; además, las interacciones con sus iguales y con los educadores eran de mayor duración.

Entre los estudios de este tipo destaca el publicado en 2006 por A. Lillard y N. Else-Quest en la revista *Science*,[54] que tuvo una gran resonancia. En él se valoraba a niños al final de la etapa infantil (tres-seis años) y de primaria (seis-doce años), tanto de escuelas montessorianas como no montessorianas, y se evaluaban sus habilidades cognitivas, así como sus conocimientos sociales y su comportamiento. En los niños de seis años, se vio que los montessorianos estaban significativamente mejor preparados para entrar en la escuela primaria en lo que se refiere a la preparación para la lectura, las habilidades matemáticas o la capacidad de adaptación a problemas complejos y cambiantes. También poseen mejores capacidades en las pruebas sociales y de comportamiento, y demuestran un mayor sentido de la justicia y de la equidad. Asimismo, en los juegos, se muestran más propensos a las relaciones con sus coetáneos, expresando emociones positivas y evitando los juegos agresivos. En el grupo de los niños de doce años, los preadolescentes montessorianos fueron clasificados como más creativos a la hora de usar estructuras sintácticas sofisticadas, más propensos a elegir respuestas asertivas para afrontar situaciones sociales desagradables, y también mostraban un mayor sentido de comunidad en relación con la escuela y con los compañeros. En cambio, en esta investigación, no se encontraron diferencias entre los montessorianos y los no montessorianos de

---

[54] Lillard, A. S., y Else-Quest, N.: «Evaluating Montessori Education», *Science*, 2006, n.º 313, pp. 1893-1894.

doce años en relación con su competencia ortográfica, puntuación, gramática, lectura ni matemáticas.

Hoy podemos afirmar que la pedagogía montessoriana, nacida a finales del siglo XIX, desarrollada en la primera mitad del siglo XX, consolidada y legitimada hasta nuestros días, debe ser considerada como una contribución señera de la pedagogía progresista del último siglo, dirigida al desarrollo del potencial de las personas.

Educación para un mundo nuevo

Alguien dijo que Maria Montessori era como un gran iceberg del cual solo se ve una pequeña porción. Estamos, sin duda, ante una personalidad enormemente vigorosa, rica y compleja. Destaca por su capacidad de organizar instituciones (Casas o centros de formación de maestras); por su capacidad creadora de métodos, materiales y teoría; por su energía y sus ansias de comunicación y divulgación... Si consideramos sus libros mayores, vemos que comienzan con la publicación, en 1909, de *Il metodo della pedagogia scientifica applicato all'educazione infantile nelle case dei bambini.* Por esta obra es mundialmente famosa. Su contenido se fue completando a través de sucesivas ediciones y nuevas redacciones, actualizándose y desarrollándose, también para la escuela primaria. En esta línea, *La scoperta del bambino,* el último libro de la doctora, publicado en 1950, poco antes de su muerte, representa la síntesis y el culmen de su obra; en él, la autora reescribe sobre el contenido y la forma de su método e insiste en que su trabajo es el resultado de algo más que un método educativo. Ya había manifestado en alguna ocasión que el método (entendido como algo rígido y aplicado de forma mecánica) le daba miedo. En esta línea de explicitar el sentido de su propuesta, de fijarse en el porqué, además de en el cómo, Montessori publica en 1946 *Education for a New World,* en el que recoge los textos de las conferencias realizadas en 1943 en la India, y que se completa con el libro *To Educate the Human Potential*, publicado en 1948.

En *Educación para un mundo nuevo*, Maria Montessori, en una exposición siempre clara, trata de las grandes capacidades de los niños y de las bien demostradas posibilidades de su desarrollo psíquico e intelectual. Escrito después de la terrible experiencia de la Segunda Guerra Mundial, este libro representa un intento de diseñar los trazos de una comunidad mundial pacífica y armoniosa a través de la educación. Como se puede comprobar con una rápida consulta del índice, en él aparecen varios de los temas clave de la pedagogía montessoriana.

A modo de invitación, voy a destacar algunas ideas claramente características de esta pedagogía y que, en mi opinión, conservan toda su vigencia en la actualidad. Una de ellas es la importancia de los primeros años en la configuración de la personalidad y en el desarrollo de las capacidades humanas. En el capítulo sexto, presenta el concepto de «educación» desde el nacimiento, entendida no como una aceleración del aprendizaje, sino como una colaboración con la naturaleza; ella es quien manda y debe ser obedecida. Esta es otra idea central del enfoque montessoriano: para cooperar con la naturaleza, debemos descubrir y conocer al niño en los períodos de su desarrollo, en las características y etapas de su mente, que también esboza en el capítulo tercero de este libro. Para poder proteger la vida, es necesario estudiar sus leyes con simpatía. Otro de los temas en los que se basa la propuesta educativa montessoriana, que aparece en el capítulo octavo, es el movimiento y su función. El movimiento es, para Montessori, la conclusión y el propósito del sistema nervioso: sin movimiento, no puede existir el individuo. Su nuevo método se basa esencialmente en la constatación de que el desarrollo mental está conectado con el movimiento y depende de él. Según Montessori, es característico de los seres humanos pensar y actuar con las manos. Y, cuando las manos del niño quieran trabajar, no debemos ayudarlo, sino ofrecerle incentivos para la actividad manual y dejarlo avanzar hacia conquistas cada vez mayores hacia su independencia. Cierra el libro un capítulo sobre cómo debe ser la maestra montessoriana. Lo primero que destaca en la formación de la maestra montessoriana es su preparación para ser capaz de ver más allá del niño actual e intuir al niño auténtico que llegará a ser, y que se manifestará por medio del trabajo. Después, la maestra debe aprender a preparar y cuidar el ambiente, centrando más su atención en las cosas que en los niños difíciles. La maestra debe ayudar a los niños a concentrarse en el trabajo y, una vez suscitado el interés de los niños, la maestra debe retirarse a un segundo plano, a la penumbra, y debe abstenerse completamente de interferir. La maestra montessoriana sabe que los niños tienen la necesidad de actuar por sí mismos, de querer por sí mismos, de pensar por sí mismos, para desarrollar así su autonomía.

Libros de Maria Montessori

Antropologia pedagogica, Milán, Villardi (circa 1910; edición inglesa, *Pedagogical Anthropology*, 1913). Traducción al español: *Antropología pedagógica*, Barcelona, Ed. Araluce, 1921.

Il Metodo della Pedagogia Scientifica applicato all'educazione infantile nelle Case dei Bambini, Città di Castello, Casa Editrice S. Lapi, 1909. Traducción al español de Juan Palau Vera a partir de la edición revisada inglesa de 1915: *El método de la pedagogía científica aplicado a la educación de la infancia en las «Case dei Bambini» (Casas de los niños)*, 3.ª ed., Barcelona, Araluce, 1915 y 1937. Esta edición de Palau Vera sirvió de base para la más reciente de 2003 (Madrid, Biblioteca Nueva), con una cuidada introducción de la profesora Carmen Sanchidrián Blanco.

Dr. Montessori's Own Handbook, Nueva York, Frederick A. Stokes Company Publishers, 1914. Traducción al español: *Ideas generales sobre el método. Manual práctico*, Madrid, Ed. CEPE, 1994.

L'autoeducazione nelle scuole elementari, Roma, E. Loescher & C. – P. Maglione e Strini, 1916. Traducción al español: *La autoeducación en la escuela elemental. Método Montessori avanzado*, Barcelona, Araluce, ¿1920?

Psicoaritmética, Barcelona, Araluce, 1934.

Psicogeometría, Barcelona, Araluce, 1934.

El niño. El secreto de la infancia, Ámsterdam, Montessori-Pierson Publishing Company, 1937.

Education for a New World, Madrás (India), Adyar, Kalakshetra Publications, 1946. Traducción al español: *Educación para un mundo nuevo*, Ámsterdam, Pierson Publishing Company, 2015.

To Educate the Human Potential, Madrás (India), Adyar, Kalakshetra Publications, 1947. Traducción al español: *Educación de las potencialidades humanas*, Ámsterdam, Pierson Publishing Company, 2013.

La scoperta del bambino, Milán, Ed. Garzanti, 1948. Traducción al catalán: *La descoberta de l'infant* (prólogos de Maria Antònia Canals y Jordi Cots), Vic, Eumo, 1984; traducción al español: *El descubrimiento del niño*, México, Ed. Diana, 1986.

Formazione dell'uomo, Milán, Ed. Garzanti, 1949. Traducción al español: *Formación del hombre*, Ámsterdam, Montessori-Pierson Publishing Company, 2013.

The Absorbent Mind, Madrás (India), Adyar, Kalakshetra Publications, 1949. Traducción al español: *La mente absorbente del niño*, México, Ed. Diana, 1986, y Barcelona, Araluce, 1971.

Educazione e pace, Milán, Ed. Garzanti, 1949. Traducción al español: *Educación y paz*, Madrid, Altamarea, 2023.

Por la causa de las mujeres, Madrid, Altamarea, 2021. Recopilación de nueve textos de la autora publicados en varios momentos.

Libros sobre Maria Montessori y un filme

BARTOLOMEIS, F.: *Maria Montessori y la pedagogía científica*, Madrid, Sociedad de Educación Atenas, 1979.

CIVES, G., TRABALZINI, P.: *Maria Montessori tra scienza, spiritualità e azione sociale*, Roma: Anicia, 2017.

FOSCHI, R.: *Maria Montessori*, Barcelona, Octaedro, 2014.

HELMING, H.: *El sistema Montessori. Para un ejercicio de la libertad*, Barcelona, Luis Miracle, 1970.

LILLARD, Paula P.: *Un enfoque moderno al método Montessori*, México, Editorial Diana, 1979.

MONTESSORI, Maria: *La educación para el desarrollo humano*, México, Editorial Diana, 1979.

MORETTI, E.: *The Best Weapon for Peace: Maria Montessori, Education, and Children's Rights*, Madison University of Wisconsin Press, 2021. [ISCHE First Book Award 2022.]

OREM, R. C.: *La teoría y el método Montessori en la actualidad*, Barcelona, Paidós, 1974.

OREM, R. C. (comp.): *El sistema Montessori*, Barcelona, Paidós, 1979.

PIRONI, T. (ed.): *Maria Montessori tra passato e presente. La diffusione della sua pedagogia in Italia e all'estero*, Milán: Franco Angeli, 2023.

STANDING, E. M.: *La revolución Montessori en la educación*, 6.ª ed., México, Siglo XXI, 1971 [edición original inglesa de 1952].

YAGLIS, D.: *Montessori. La educación natural y el medio*, México, Trillas, 1989.

Filme: *Maria Montessori* (original francesa: *La Nouvelle femme*), dirigida por Léa Todorov, 2023.

Instituciones de contacto

LA OPERA NAZIONALE MONTESSORI
http://www.operanazionalemontessori.it

Fundada en 1924, con sede en Roma, está encargada de conservar y difundir el pensamiento y la obra de Maria Montessori, de desarrollar su patrimonio histórico y científico y de garantizar la identidad ideal y la práctica de su método. Publica la revista *Vita dell'Infanzia*.

LA MONTESSORI ASSOCIATION INTERNATIONALE (AMI)
http://ami-global.org

Fundada en 1929 por Montessori y su hijo, es actualmente la institución más notable en cuanto a la investigación y difusión del método Montessori.

LA FONDAZIONE MONTESSORI ITALIA
http://www.fondazionemontessori.it

Se creó para difundir el conocimiento de la obra y del pensamiento de Maria Montessori, las prácticas educativas que se inspiran en ella y la reflexión y el estudio, tanto sobre las teorías psicopedagógicas como sobre las prácticas educativas montessorianas. Publica la revista *Mondo Montessori*.

LA ASOCIACIÓN MONTESSORI ESPAÑOLA (AME)
http://asociacionmontessori.net

Fundada en 1973 y con sede en Madrid, tiene como objetivo propagar y promover los principios psicopedagógicos del sistema Montessori. Representa en España a la Montessori Association Internationale.

ÍNDICE